Oración
y
Meditación

Es una selección de historias de miembros de AA
que comparten diversas formas de
conectarse espiritualmente

AAGRAPEVINE,Inc.
Nueva York, Nueva York
WWW.AAGRAPEVINE.ORG

Oración

y

Meditación

Es una selección de historias de miembros de AA
que comparten diversas formas de
conectarse espiritualmente

AAGRAPEVINE, Inc.

Nueva York, Nueva York
WWW.AAGRAPEVINE.ORG

Preámbulo de AA

Alcohólicos Anónimos es una comunidad de personas
que comparten su mutua experiencia, fortaleza y esperanza para
resolver su problema común y ayudar a otros a
recuperarse del alcoholismo.

El único requisito para ser miembro de AA
es el deseo de dejar la bebida.
Para ser miembro de AA no se pagan honorarios ni cuotas;
nos mantenemos con nuestras propias contribuciones.
AA no está afiliada a ninguna secta, religión, partido político,
organización o institución alguna, no desea intervenir en
controversias, no respalda ni se opone a ninguna causa.

Nuestro objetivo primordial es mantenernos sobrios y ayudar
a otros alcohólicos a alcanzar el estado de sobriedad.

©AA Grapevine, Inc.

Índice

PARTE I

Un recorrido hacia la oración y la meditación

CAPÍTULO UNO

Las rutinas diarias

Miembros de AA combinan la oración y la meditación en sus vidas en sobriedad

CAPÍTULO CINCO

Estrellas, montañas, agua y animales

Encontrar una conexión espiritual a través de la naturaleza y el universo

PARTE II

Técnicas y Prácticas

Existen varias formas de rezar y meditar

Bienvenido

El alcoholismo, con frecuencia, se considera una enfermedad triple: física, mental y espiritual. Y, desde sus inicios, Alcohólicos Anónimos ha ofrecido siempre un camino hacia la recuperación en los tres niveles.

En este libro, los miembros de AA describen los diferentes aspectos de la conexión espiritual que estimula su recuperación. Desde descubrir la espiritualidad en su vida cotidiana hasta poner en práctica la oración y la meditación de forma regular, estos alcohólicos han descubierto lo importante que es establecer una conexión espiritual para lograr y mantener la sobriedad. Las páginas a continuación incluyen capítulos acerca de las rutinas diarias, las prácticas religiosas tradicionales, las actividades y el ejercicio, las técnicas, la naturaleza y la Oración de la Serenidad. Este no es un libro que brinda instrucciones, sino una colección de experiencias inspiradoras compartidas por alcohólicos que han abandonado la bebida e intentan ampliar su conexión espiritual mediante la oración y la meditación.

Históricamente, la humanidad ha recurrido a la religión y a las diversas manifestaciones de espiritualidad como ayuda para explicar los innumerables misterios de la vida —y los alcohólicos no son una excepción en la búsqueda ancestral de respuestas. A decir verdad, las raíces de la experiencia espiritual se remontan a mucho tiempo atrás en la historia de AA, incluso anteceden a la primera reunión que llevaron a cabo nuestros cofundadores Bill W. y el Dr. Bob en Akron. A principios de 1920, el famoso psiquiatra suizo Dr. Carl Jung, trató a un alcohólico desesperanzado de nombre Rowland H. con quien estaba haciendo poco progreso. No obstante, Jung notó que Rowland podía tener cierta esperanza de recuperarse si, según lo relató Bill W. más tarde, pudiera "volverse objeto de una experiencia espiritual o religiosa —para resumir, a través de una conversión genuina". Con el correr del tiempo, Rowland tuvo una experiencia de conversión y se relacionó con los Grupos Oxford de Nueva York, donde ayudó a un compañero de nombre Ebby T. a recuperar la sobriedad.

Ebby, un antiguo amigo, finalmente llevó el mensaje de recuperación a Bill W. quien, estando en el Hospital Towns de Nueva York, tuvo una experiencia espiritual que lo impulsó hacia la sobriedad.

Como un componente integral del programa de AA desde sus primeros días, esta fórmula de usar la espiritualidad para luchar contra el alcoholismo le ha proporcionado a los miembros de AA una forma de lograr y mantener la recuperación. Las historias recopiladas en este libro muestran claramente cómo los miembros de AA de toda clase continúan renovando y dándole relevancia a las antiguas prácticas de la oración y la meditación. ¿Quién diría que la espiritualidad se podía encontrar bajando una cuesta en bicicleta a toda velocidad, en una piscina o confrontando a una serpiente de cascabel?

Como escribe Emily G. en la última historia del libro, "Pasando tiempo con Dios": "Realmente creía que otros miembros de AA tenían acceso a cierto manual secreto de oración y meditación que les proporcionaba instrucciones acerca de cómo rezar, meditar, hablar con Dios y recibir instrucciones directas de Su parte". Pues bien, Emily descubrió que no existe ningún manual secreto. No obstante, las historias reunidas en este libro destacan la importancia de la oración y la meditación en la vida de los miembros de AA, e ilustra las diversas formas de lograrlo. Y, como escribe Emily: "Lo mejor es que no existe una forma incorrecta de hacerlo".

PARTE I

Un recorrido hacia la oración y la meditación

CAPÍTULO UNO

Las rutinas diarias

Miembros de AA integran la oración y la meditación
en sus vidas en sobriedad

En AA escuchamos que lo único que una persona necesita para iniciarse en la oración y la meditación es tener una mente abierta. Sin embargo, ¿cómo consigue uno este precioso atributo? Según el autor anónimo de la historia que da inicio a este capítulo, "Meditar es muy fácil", puede ser algo tan simple como pedir ayuda. El autor observó: "No tenía ni idea de cómo rezar o meditar", y prosiguió, "tragándome mi orgullo como solamente una persona desesperada puede hacerlo" y pidió ayuda. Con el correr del tiempo, este miembro se acostumbró a "hablar con Dios" y según relata, en muy poco tiempo, "le presenté mis quejas".

Para muchas personas, al igual que Gary T. expresa en su carta: "Para mejorar nuestro contacto consciente con Dios", mantener y desarrollar un contacto consciente con un Poder Superior puede ser tan simple y tan inmensamente profundo como desarrollar una relación con otra persona. "Puedo hablar. Puedo quedarme callado. Puedo pedir favores. Puedo perdonar", escribe. Pero otras personas, como lo expresa J. H. en el artículo "La Santa Orden de los Picaportes", han pasado un mal momento con el concepto de Poder Superior. "Mis experiencias con la religión organizada me dejaron bastante confusa, enfadada y beligerante", escribe J. H.; sin embargo, "el alcohol me había derrotado". Y luego de escuchar en una reunión que "mi Poder Superior podía ser lo que yo quisiera, ¡incluso el picaporte de una puerta!", esta escritora pensó que había llegado el momento de intentarlo.

No obstante, cuando una persona decide "ponerse en sintonía" con la voluntad de Dios —y las formas de hacerlo son muy diversas—, los resultados pueden ser muy positivos. Como lo expone George B. en su historia "Sintonizando con un Poder Superior": "El primer paso al buscar la voluntad de Dios ¡es volverse receptivo a esta!".

Meditar es muy fácil
Abril de 2009

En una sesión de asesoramiento, no mucho tiempo después de mi primera reunión de AA, mi consejera me alentó a rezar y meditar. En una situación normal, yo me hubiera negado discretamente, dando alguna excusa frívola, como que no tenía tiempo. Sin embargo, de alguna manera, la libertad que AA me daba para decidir por mí misma sobre estas cuestiones me permitió abrir la mente respecto del tema de la espiritualidad por primera vez en mi vida. El único problema era que no tenía ni idea de cómo rezar o meditar. Tragándome mi orgullo como solamente una persona desesperada puede hacerlo, le pedí ayuda a la consejera.

Ella me dijo que le rezara a lo que yo creía que podía haber allí afuera. Me aconsejaron que le pidiera a ese algo que me mantuviera sobria solo ese día y que, si al final del día no había bebido en absoluto, le diera las gracias a lo que fuera. Eso sonó casi demasiado simple. Por supuesto que intentaría rezar. ¿Qué podía perder? Es hasta el día de hoy que cada mañana y cada noche digo las mismas oraciones; y yo, que jamás pude estar alejada de la bebida más de dos días, he pasado una década y media sin desear beber.

La meditación no ha sido fácil. Por alguna extraña razón, las personas que estaban en la reunión a la que asistí no fueron de ayuda. Algunas me dijeron que me sentara en silencio y dejara la mente en blanco. Otras, que recitara algunos pasajes del Libro Grande u otro texto espiritual una y otra vez. Algunas, simplemente se alzaron de hombros y dijeron que solo con rezar era suficiente, siempre que lo hiciera de forma sincera. Luego, estaban aquellas otras que se inclinaban hacia la naturaleza, que pregonaban los paseos por el bosque o ver la puesta de sol. Me incliné hacia este enfoque, pero mi mente pronto se encontró a la deriva. Mi consejera me recomendó que hablara con Dios. Era un poco difícil, dado que todavía jugueteaba con el agnosticismo. Sin embargo, había acordado hacer todo lo posible y mantener la mente abierta.

Por mi trabajo, tenía que hacer un trayecto de media hora en automóvil. "Hablar con Dios" parecía descabellado, pero resultó ser que le presenté mis quejas en el viaje de ida y vuelta de mi nuevo lugar de trabajo.

Incluso luego de cambiar de empleo, hablar con Dios en el camino de ida y vuelta del trabajo se volvió una rutina. Comenzaron a ser más bien conversaciones reales que un simple desahogo. Con el tiempo, adquirí la habilidad de comenzar a hablar sin pensar en lo que saldría de mi boca. Durante estas "conversaciones", la radio del automóvil permanecía apagada. Me di cuenta de que los problemas mundiales continuarían existiendo, independientemente de si yo escuchaba o no las noticias. Curiosamente, esos problemas mundanos tenían menos impacto en mí después de que Dios y yo hubiéramos debatido acerca de temas más inmediatos que se arremolinaban adentro de mi cabeza. Comencé a ansiar tener esos momentos a solas con Dios. La diferencia entre la meditación y la oración se hizo evidente. La meditación, puesta en práctica simplemente al hablarle a lo que fuera que estaba allí, me estaba ayudando a cambiar mi vida. Ahora podía enfrentarme a la vida en lugar de correr hacia la botella y al olvido momentáneo. Abandoné ese debate social acerca de si Dios existe o no. Decidí que Dios existe. AA me mostró el camino hacia Él y la meditación fue el medio principal a través del que nos comunicábamos. Jamás se me hubiese ocurrido que la meditación, que jugó un papel vital en mi recuperación, pudiera ser algo tan simple como tener una conversación.

Anónimo

La monotonía y el terror
Noviembre de 2012

Con frecuencia, al final de nuestra reunión de AA se lee una sección del pasaje "Una visión para ti" de nuestro Libro Grande. Las palabras "entrégate a Dios" hoy me resonaron y consideré su significado. Según aprendí al principio de mi recorrido en AA, una forma de comenzar es con el diccionario.

Entregarse: "ceder al intento de no volver a reclamar un derecho o interés". ¿Cómo lo hago? ¿Cómo ceder al intento de no volver a reclamar un derecho o interés? el Tercer y Undécimo Paso son mis puntos de referencia. En el Tercer Paso, comienzo la práctica de ofrecerme a Dios para que haga de mí lo que desee. Afortunadamente, la Oración del Tercer Paso incluye eliminar todas mis dificultades. Esa es la parte de la oración que más me gusta, porque, frente a los problemas, mi postura por defecto es correr y esconderme, evadir completamente la realidad. Rezar para eliminar mis dificultades me reconforta y me permite permanecer donde estoy y esperar que estas dificultades desaparezcan.

El Paso Once brinda instrucciones directas sobre cómo abandonarme a Dios. Solo debo rezar para conocer cuál es la voluntad de Dios para mí y el poder para llevarlo a cabo. ¿Es simple, verdad? Es fácil poner en práctica este Paso mientras estoy en el cuarto día de unas vacaciones de dos semanas en Hawái paseando por la playa. Las decisiones del día se reducen a dónde desayunar y cuándo dormir una siesta. Está bien, Dios. Te dejaré decidir.

Sin embargo, un típico lunes por la mañana, mientras reflexiono sobre una semana de trabajo, no me siento inclinada a rezar de manera simple. Entonces, mi ansiedad me aterroriza y mi serenidad desaparece. Mis oraciones se asemejan más a las de un caminante por el desierto en busca de agua. Le imploro a Dios que me permita ganar la lotería y me libere de la monotonía y del terror del trabajo. Hasta ahora, las oraciones por obtener riqueza inmediata no han sido escuchadas.

Cuando puedo recordar mis primeros días de sobriedad, me acuerdo de cómo me salvó la gracia de Dios. En aquel momento, mi pequeño mundo se desmoronaba y el miedo me consumía. Le pedí ayuda a Dios, y me encontré en una reunión de AA. Estuve allí y descubrí que tenía a un Dios amoroso en mi vida. Estuve allí y descubrí que no estaba sola. Fue allí donde descubrí las herramientas que me llevaron a un despertar espiritual.

Mediante el trabajo de los Doce Pasos, ahora puedo relajarme y tomármelo con calma y saber que, solo por hoy, no tengo que preocuparme. Dios está conmigo y me mostrará el camino.

Michele C.
Davis, California

Manteniendo un contacto consciente con Dios
De: Cartas del lector
Noviembre de 2005

Mantener y desarrollar un contacto consciente con mi Poder Superior, al que elijo llamar Dios, puede ser tan simple y tan inmensamente profundo como desarrollar una relación con otra persona. Puedo hablar. Puedo quedarme callado. Puedo pedir favores. Puedo perdonar. Y creo que cada encuentro que tengo con otra persona es, en potencia, una oportunidad para la oración y la meditación, para aceptar y reconocer la presencia de mi Poder Superior dentro de mí y a mi alrededor. Y, cuanto más busco el amor y la belleza de la gracia de Dios en las personas que me rodean, más consciente soy de la presencia de Dios en el mundo.

Gary T.
Poughkeepsie, New York

La Santa Orden de los Picaportes
Septiembre de 2012

Cuando fui principiante en Alcohólicos Anónimos, pasé un momento muy difícil con el concepto de Poder Superior. Mis experiencias con la religión organizada me dejaron bastante confusa, enfadada y beligerante. Escuché en una reunión que "mi Poder Superior podía ser lo que yo quisiera, ¡incluso el picaporte de una puerta!" Mi madrina estaba de acuerdo.

¿Un picaporte? "El Señor es mi Picaporte, no debo..., ¿cerrar la puerta?" Eso me sorprendió. Era algo muy extraño, pero me causaba intriga. No había escuchado hablar de ninguna "Santa Orden de los Picaportes", y si debía encontrar un Poder Superior de algún tipo para mantenerme sobrio, ¿eso funcionaría?

Estaba dispuesta. El alcohol me había derrotado. Lo sabía. Entonces, dando inicio al Segundo y Tercer Paso, esa noche me fui a casa y realmente pensé en hacer que mi Poder Superior fuera un picaporte. Hasta entonces había sido agnóstica, así que pensé que no era tan descabellado crear un Poder Superior a partir de una pieza de ferretería al azar.

Aquella noche, antes de acostarme, corrí las cortinas, me aseguré de que no hubiera nadie (vivía sola, pero tenía que asegurarme), me arrodillé y dije mitad en broma: "Oh Santo Picaporte, gracias por otro día viva y sobria, rezo por el alcohólico que aún sufre, te pido dormir bien y hasta mañana".

Y me acosté. ¡Dormí bien!

Al día siguiente, me desperté y me dirigí hacia el baño, donde me encontré con la primera visita de mi nuevo Poder Superior. La puerta del baño estaba cerrada. ¡Lo extraño era que realmente recordaba mi oración de la noche anterior! Sabía que tenía que abrir la puerta o analizar otras opciones, ¡ninguna de las cuales era más fácil ni más suave (ni higiénica)!

Así que le agradecí a mi Poder Superior, el Picaporte, y abrí la puerta. Una vez adentro, vi que la tapa del inodoro estaba baja. La consideré como una especie de puerta también. Asimismo, la ducha tenía una puerta de vidrio. Todos los picaportes y tiradores de los armarios y grifos de la cocina me permitieron tomar el café y desayunar antes de que considerara salir del departamento —por otra puerta.

Mientras me preparaba para ir a trabajar y cerraba la puerta de mi departamento (¡otro picaporte!), me subí al automóvil (manija en la puerta), conduje hacia mi trabajo de... ¡ama de llaves en un hotel! Todos los días en el trabajo llamaba a 12 puertas que tenía que abrir para hacer mi trabajo y, por supuesto, cada habitación tenía un picaporte (a ambos lados de la puerta, por cierto). Aquel día en particular, una persona había faltado por enfermedad, por lo tanto tuve que limpiar cinco habitaciones más que lo normal. Durante todo el día, le agradecía a cada picaporte en silencio. Era un recordatorio consistente y constante.

Luego del trabajo, fui al supermercado local. Mientras estaba parada frente a las puertas corredizas me di cuenta de que ahí no había ningún picaporte, por lo tanto, en lo que a esto concierne, allí no había Poder Superior. A menos que la alfombra del piso haga que se abra la puerta...

Mientras estaba parada allí y miraba fijamente la alfombra en el piso frente a la tienda de víveres preguntándome si Dios existía o no, salió una señora con su carro de compras y me dijo hola. Le dije hola y entré de inmediato. ¡Ajá! Pensé. No necesité a Dios para esa puerta. Pero luego se me cruzó otro pensamiento por la mente: ¿Qué pasaría si Dios hubiese enviado a esa señora para que abriera la puerta por mí y yo pudiera entrar? ¿Estaba segura de que eso no era así? ¿Puede Dios enviar ayudantes? No lo sabía. ¿Por qué no?

Decidí rendirme en ese momento. Dios es o no es. ¿Cuál es nuestra elección? No importaba si creía en mi picaporte o no. Mi vida es más fácil si uso picaportes. De lo contrario, estoy atrapada detrás de las paredes; es como volver a beber.

El día anterior a mi oración, había usado los picaportes sin pensar ni preocuparme, y seguían funcionando. Había estado usando mi Poder Superior durante toda la vida, pero jamás me había dado cuenta. Nunca establecí la conexión. Una vez que me di cuenta de que había un Poder Superior obrando en mi vida, comencé a intentar volver a conectarme con ese poder para cerrar el circuito. Ahí fue cuando la magia comenzó a ocurrir, la cuarta dimensión a la que se refiere el Libro Grande, ¡cuando la vida de repente se abre y se vuelve emocionante! El resto de los Pasos me ayudaron a encontrar mi camino y a limpiar las ruinas de mi pasado.

Por lo tanto, el picaporte se ha convertido para mí en un símbolo poderoso en mi recuperación. Cuando salía a beber, me sentía atrapada. Un Poder Superior a mí resultó ser un picaporte y me liberó. Y ni siquiera estaba cerrado.

J.H.
Redondo Beach, California

Una Meditación diaria
Exclusivo en línea
Septiembre de 2011

Esta mañana me levanté y bajé de la cama para arrodillarme y comenzar el día como dice el Libro Grande en las páginas 85 y 86. Me sentía desorganizada y descontenta. Sabía, por experiencias previas, que si dejaba que continuara este pensamiento me iba a arruinar el día. Para mí siempre es mejor poner en orden mi cabeza al seguir estas indicaciones. No estoy segura de todo lo que me depara el día, además de los planes que hice el día anterior. Sin embargo, al menos estoy haciendo un buen intento para que mis esfuerzos tengan resultados positivos.

El resultado siempre depende de Dios. Es increíble cómo me gusta pensar que estoy bien sin pedirle a Dios que me dé fuerzas para el día que tengo por delante. Tuve que atravesar un largo tiempo en mi propio desierto antes de convencerme de que no solo soy impotente ante el alcohol y las drogas, las personas, los lugares y las cosas, sino que también ante mí misma.

He descubierto que no puedo ser liberada de mi obstinación desbocada si no incluyo a Dios en mi vida al despertar. Hoy quiero el poder de Dios en mi vida porque hay muchísimo que hacer. Estoy cansada de insistir en que puedo hacerlo sola sin la ayuda de Dios, como si fuera una niña de cuatro años en rebeldía con mis padres.

Me cansé de rebelarme hace mucho tiempo, y en este dulce estado de rendición, fui capaz de soltar esa vieja idea de que me puedo sostener por mi cuenta. He memorizado esas dos páginas y me permito dedicarles tiempo para repasarlas. Me gusta ser minuciosa con ellas. Son las instrucciones, no solo para mantenerme sobria en el día, sino también para mantener la conciencia de Dios en mi mente. Cuanto más tiempo permanezco sobria, más consciente soy de lo mucho que necesito esta conciencia de Dios.

Esta mañana, he bebido el café rápidamente. Me quedaba apenas algo de tiempo antes de tener que irme a un trabajo de limpieza. Y tenía que terminarlo a las nueve en punto. Por lo tanto, me senté allí y me tomé un momento para pensar mientras bebía el café. Pensé en la presencia de Dios. Pensaba en cómo cuando pongo en práctica esta creencia, todo lo que esté haciendo, se lleva a cabo más rápida y eficientemente que cuando estoy perdida en mi pequeño mundo. Me senté y me dije que iba a ser consciente de esa presencia el mayor tiempo posible mientras hiciera mi trabajo porque quería hacerlo rápida y correctamente.

Para mí es fácil practicar esta Presencia mientras estoy aquí, en mi lugar, en casa. Para mí, es una meditación. Aún permanezco en el silencio de la casa temprano en la mañana. Pero cuando lo hago "de forma improvisada", estoy en movimiento y haciendo cosas. Conscientemente debo concentrarme en esta idea y estar atenta a mi respiración. Por algún motivo esto me ayuda.

Cuando comencé con esta práctica, no fue nada fácil. Tenía la mala costumbre de aferrarme al primer pensamiento feo que mi mente evocaba y correr con él como si fuera una cuerda atada a una roca que rebota montaña abajo en una avalancha. Antes de saberlo, el día resultaba un caos por culpa de los errores que cometía.

Me resultaba difícil comprender que mi forma de pensar tuviera algo que ver con la forma en que se desarrollaba mi día. Si bien la evidencia física puede ser abrumadora, soy de las que quieren racionalizar los resultados y la responsabilidad. Me costó mucho darme cuenta de que soy la causa de mis propios problemas, como dice el libro.

Hice esta conexión entre la conciencia de Dios y cómo me iba en el día asistiendo a las reuniones y escuchando a otras personas, además de concentrarme en trabajar los Pasos, en particular el Sexto y Séptimo Paso. Mis defectos de carácter pueden ser como perros salvajes. Si no los ato a primera hora de la mañana, es posible que no los atrape hasta más tarde, cuando finalmente me detenga y piense ¿Qué estoy haciendo? ¡Ayúdame, Dios! Por lo tanto, me tomo seriamente este momento de la mañana y descubro que tengo un buen hábito.

Cuando estoy quieta y concentrada en mi respiración, me invade una sensación muy fuerte de lo que llamo estado de meditación. Inhalo lenta y profundamente, dejando que mi vientre se expanda antes que mi pecho. Mantengo el aire unos segundos y, luego, exhalo con la misma lentitud, soltando el aire del pecho y luego el del vientre.

Con cada respiración imagino que Dios está presente conmigo, a mi alrededor y a través de mí. Y, de este modo, tengo una sensación maravillosa. Siento cómo todo mi cuerpo está muy pesado debido a la relajación. El centro de mi frente se siente diferente al resto de mi cabeza. Como si allí hubiese algo que pesa. No duele ni nada; solo se siente como una mancha justo en el centro de la frente del tamaño de una moneda de 25 centavos; una mancha de algo que se siente de maravilla.

No sé explicar qué es, pero me encanta esa sensación. Cuando la tengo, todo aquello que en el momento me genera inquietud y me preocupa permanece en silencio, en la profundidad de mi conciencia inferior. Mis defectos de carácter, los perros salvajes, por el momento permanecen dormidos. La verdad es que en ese momento no son realidades. Son como cosas del pasado en las que pensaba habitualmente para generar esas sensaciones familiares de miedo, frustración e impotencia que estaba tan acostumbrada a sentir antes de que comenzara a elegir esta práctica.

Sin embargo, ahora que tengo esa sensación de paz, me siento mucho menos inclinada a pensar en ellas a primera hora. Y soy muy consciente del malestar que me provoca darme cuenta de que pienso en ellas. Me voy a trabajar y mi mente hace todo lo posible por evadirse de mis reflexiones acerca de Dios. Soy consciente de esto y cambio mi foco de atención. Mientras me muevo haciendo cosas, aún no tengo esa sensación de relajación total; sin embargo, sea el motivo que sea, el trabajo se hace de forma correcta, en mucho menos tiempo del que me tomaría si pensara en las cosas usuales en las que pienso cuando no estoy espiritualmente enfocada.

Soy consciente de las cosas que hago y pienso, cosas como, Dios obra a través de mí, y las cosas se hacen. Las tareas se llevan a cabo; miro el reloj y las manecillas apenas se han movido. Pero, si hubiese pensado en lo que me inquieta y me preocupa, me habría llevado mucho más tiempo terminar todo.

Luego de finalizado el trabajo, le agradezco a Dios por haberme dado el poder para hacerlo tan bien. Aún me queda por delante gran parte del día, entonces le agradezco a Dios por seguir estando conmigo mientras pasamos de un momento a otro y de una actividad a la otra. Siento paz mental, incluso cuando resta mucho por hacer en el día. Sin embargo, sé que mientras mantenga esta conciencia de Dios en mi mente, podré hacerle frente a cualquier cosa que suceda.

Me siento muy agradecida por este estilo de vida que Alcohólicos Anónimos me ha dado gratuitamente. Estoy agradecida de pertenecer a este programa siendo una alcohólica, porque nunca he oído decir que se puede obtener todo esto en ningún otro lugar.

Judy M.
Bluffton, South Carolina

¿Quién está debajo del capó?
Abril de 1986

E l otro día casi me emborracho. Bueno, no realmente. Sé que no hay forma. Pero descubrí lo que puede significar ese dicho. Había logrado (de algún modo) pasar casi dos años de sobriedad sin sentir una necesidad compulsiva de beber. Continué asistiendo a seis o siete reuniones de AA por semana porque, en lo más recóndito de la mente, sentía ese temor de que, si alguna vez tenía esa compulsión, cedería a esta. Carezco totalmente de fuerza de voluntad y firmemente creo en la gratificación inmediata.

El día al que me refiero era un lunes. Los lunes pueden ser días difíciles en mi trabajo y quizá ese lo fue un poco más que lo habitual. Mientras cruzaba el estacionamiento a las cinco de la tarde, me sentía emocional y físicamente agotado. Nunca se me había cruzado por la mente la idea de tomar una copa. Sin embargo, súbitamente, ahí estaba: el deseo imperioso por beber.

De pronto, me pareció que lo más natural era parar en algún lugar mientras iba de camino a casa, comprar una botella de algún "whisky suave", sentarme y relajarme, ¡durante tres o cuatro días!

Ahora bien, con frecuencia había pensado en beber. Estaba bien. Cuando pensaba en eso, realmente no me parecía una idea inteligente. Un pensamiento lo podía manejar. ("Piensa antes de beber" y demás). No obstante, no era un pensamiento ni una idea. Esto era lo que llaman una verdadera compulsión.

De inmediato supe que no podía controlarlo. Sin embargo, recordé que tenía opciones. En ese momento, las opciones podían ser las siguientes: 1) Emborracharme. 2) Ir a una reunión. 3) Llamar a mi padrino. 4) Rezar.

Sabía que no podía poner en práctica las opciones 2 o 3 en medio de un estacionamiento. Sabía que la reunión de AA más temprana que había no empezaba hasta dentro de una hora y media y que mi padrino podría tardar horas en llegar a casa. ¡Y es posible que yo no pudiera aguantar tanto! (¿Recuerdan que les mencioné la gratificación inmediata?) Solo quedaban la opción 1 y la 4. Sin embargo, la oración no es algo que me salga naturalmente.

"Buscamos a través de la oración y la meditación". La meditación sonaba bien. La meditación se puede corroborar de forma científica. Se ponen personas en una sala en silencio, se les conecta a una máquina que capte las ondas cerebrales y se les hace meditar. Se sabe que la meditación funciona porque se pueden observar las ondas alfa. Pero la oración es otro tema. Nunca había aceptado del todo la idea de que pudiese existir un Poder Superior que estuviera personalmente interesado en mí.

Entonces, de nuevo, no había nada que perder. Reflexioné en el estacionamiento que si eso no funcionaba, aún tenía la opción de emborracharme. Así que recé una oración muy breve. Algo como: "Bueno, Poder Superior. Si realmente existes, quítame esta carga. Punto".

Antes les mencioné que insisto en obtener gratificación inmediata. Naturalmente ese principio incluye la oración.

Casi al llegar a mi automóvil, escuché que me llamaban desde el otro lado del estacionamiento. Giré y vi a una persona que corría hacia mí agitando la mano. Era un hombre de la oficina al que apenas conocía y cuyo nombre no recordaba en ese momento. Esperé mientras me preguntaba qué podría querer.

"¿Tendrá un par de cables de arranque?", me preguntó.

"No", le respondí. Entonces le pregunté de forma astuta: "¿Cuál es el problema? ¿No le arranca el automóvil?" Me confirmó que así era. "¿Se quedó sin batería?", le pregunté. "No, la batería funciona bien". (Llegado este punto, comencé a sospechar que sabía menos de automóviles que yo). Regresamos hasta su vehículo, analizando el problema.

"Tal vez podríamos empujarlo para que arranque", le sugerí. Me parecía una buena idea hasta que supe que su automóvil tenía transmisión automática. "Quizá se ahogó el carburador", sugerí. "¿Tiene carburador o inyectores de combustible?" No lo sabía.

Así estuvimos varios minutos, haciendo un inventario del automóvil de mi amigo. Finalmente, se sentó al volante y decidió intentar darle arranque de nuevo. El motor arrancó de inmediato, ronroneando como un gatito. Después de eso, a mi amigo solo le quedó encogerse de hombros, sonreír, darme las gracias y marcharse.

"Hasta la próxima", le dije.

Entonces, regresé caminando hacia mi automóvil, listo para que mi mente retomara su camino de miseria. Solo que descubrí que no tenía que hacerlo. Por algún motivo, había desaparecido mi compulsión anterior.

Mientras conducía hacia casa, sin detenerme, me pregunté sobre lo que acababa de suceder. Recordé la breve oración que había dicho antes de este incidente. También recordé mi pedido tácito a Dios acerca de una gratificación inmediata. Al principio no pude ver la relación. Pero entonces, mi "necesidad" de beber había desaparecido.

Después de todo, el mensaje no era difícil de comprender. Mi Poder Superior intentaba decirme algo como: "Mientras estés haciendo algo por otra persona —incluso si esa persona solo piensa que necesita tu ayuda—, estarás bien". En este caso, la gratificación inmediata iba seguida de la gratitud inmediata.

B. B.
San Francisco, California

Sintonizando con un Poder Superior
Noviembre de 1993

Tantas veces he escuchado la última media parte del Undécimo Paso en las reuniones: "...pidiéndole solamente que nos dejase conocer Su voluntad para con nosotros y nos diese la fortaleza para cumplirla". Aun así, con frecuencia me pregunté cómo uno puede conocer la voluntad de Dios.

Un día, durante una reunión del Undécimo Paso, una persona se refirió a "sintonizar" con la voluntad de Dios mediante períodos regulares de oración y meditación. Se me vino a la mente la imagen del televisor de casa. Me vi girando el botón para cambiar de canal, y con eso surgió un nuevo enfoque (para mí) de esta parte del Paso Once.

Cuando quiero captar una imagen de una emisora de televisión, no comienzo pidiéndole al ingeniero de la emisora que sintonice la señal para el dial en que está puesto mi televisor. Al contrario, giro el botón en casa para encontrar el canal que transmite esa señal. En otras palabras, me adapto a los ajustes de la emisora en lugar de esperar que esta se ajuste a los míos. ¿No podría suceder lo mismo con las señales que provienen de mi Poder Superior?

Visto de esta forma, el propósito absoluto de la oración y la meditación es centrarse en la voluntad que Dios tiene para mí, en lugar de pedir esto o aquello de acuerdo con mi voluntad del momento. En lugar de esperar que mi Poder Superior cambie las cosas para que se adapten a mí (el equivalente a pedirle a una emisora de televisión que mueva su señal al canal que tengo sintonizado en el dial), necesito centrar mi período diario de meditación en generar una situación dentro de mí que permita que me abra y acepte la voluntad que Dios tiene para mí. El primer paso al buscar la voluntad de Dios ¡es volverse receptivo a esta!

Desde aquel día en que se me vino a la mente la imagen del televisor, me he sentido mucho más en sintonía con todo el propósito del Paso Once. El hecho de centrarme en la voluntad de Dios —como se nos dice que hagamos en la segunda parte del Paso—, aumenta mi éxito con la primera parte acerca de mejorar mi contacto consciente con Dios tal como yo lo concibo.

El libro "Doce Pasos y Doce Tradiciones" nos dice que cuando vislumbramos la voluntad de Dios para nosotros y nos centramos en las cosas reales y eternas de la vida, como el amor y la verdad, ya no nos sentimos perplejos ni desconcertados por muchas de las pequeñas cosas que nos rodean en nuestros asuntos cotidianos. Sintonizar con nuestro Poder Superior en verdad nos lleva a una mayor serenidad —¡y a una forma de vida mucho más rica!

George B.
Alexandria, Virginia

CAPÍTULO DOS

Senderos bien recorridos

Muchos AA buscan religiones y prácticas espirituales tradicionales

----

En AA no existe una "única" concepción de un Poder Superior, y cada AA es libre de usar lo que mejor le resulte dada la experiencia personal propia de la persona. Para ciertas personas, esa experiencia incluye la religión tradicional o el regreso a una práctica que quizá se haya abandonado en la loca búsqueda del alcohol. Lógicamente entrelazadas, según lo señala Mike S. en la historia que abre el capítulo, "Una mirada más profunda", el resultado puede ser profundamente gratificante: "La práctica de mi religión fortalece mi programa de AA, al mismo tiempo que mi experiencia de impotencia y humildad, de reparaciones y perdones en AA le infunde un profundo significado personal a mi religión. Funcionan a la par".

En su historia, "El Padre Nuestro y los Doces Pasos", Bill C. encuentra consuelo a través del Padre Nuestro. "Hermoso, y a la vez sencillo y fácil de comprender", escribe, "el Padre Nuestro "ha resuelto finalmente, para mí, mucho de lo que ha sido una dificultad en los Doce Pasos". Un miembro encontró su sendero espiritual en una dirección muy diferente: "AA tiene espacio para todos —incluso para quienes aún luchamos con nuestra incredulidad", escribe Chris S. en su artículo "No necesito comprender". "Descubrí que necesitaba volver a mis raíces nativas americanas y fortalecer mi conexión con el Gran Espíritu".

En la historia "Más fuerte y más brillante", B. K., un veterano, escribe sobre aprender a valorar la oración y la meditación. Han "agrandado mi corazón", escribe B. K. "La calidad de mi vida de oración me vuelve mucho más eficaz al trabajar con otros alcohólicos", y agrega: "Mi intención es practicar, practicar y practicar, hasta que un día me sepulten".

Una mirada más profunda
Noviembre de 2017

¿Quién sabe a dónde puede llevar tener una mente abierta? Mi historia en AA comenzó con una experiencia espiritual, si bien en aquel momento no la reconocí. Era el mes de noviembre de 1979. Mi mejor compañero de copas acababa de regresar al cuerpo de Marines luego de un mes de fiesta. Mi vida era un caos y estaba dando un largo paseo por el parque tratando de averiguar cómo volver a recoger los pedazos. Reflexioné sobre mi forma de beber y en las consecuencias que me había traído.

Tendría que beber menos, me dije. Sin embargo, me di cuenta de que no podía hacerlo. Por lo tanto, tomé una decisión colosal que se sintió como si me amputara un brazo: Tendré que dejar el alcohol. No obstante, sabía que tampoco podía hacerlo. Ya había intentado limitar mi consumo de alcohol solo a los fines de semana, tratando de demostrarme a mí mismo y a los demás que podía hacerlo. Sin embargo, todos esos intentos culminaban en fracaso y encontraba una excusa para beber, y mucho.

Sin saberlo, mientras caminaba, había dado la primera mitad del Primer Paso. Por unos instantes, había recibido el don de la sinceridad. Comprendí que no podía dejar de beber por mi cuenta. Mientras caminaba con esa reflexión, ocurrió algo inexplicable. Oí una voz interior, profunda, amable y resonante. Dijo: "¿Por qué no pruebas con AA?". De repente, sentí que una oleada de paz me invadía, acompañada de una sensación de entusiasmo. Y solo unas horas después, fui a mi primera reunión de AA.

Años más tarde, describí lo que sucedió ese día como, "Dios recogiéndome y empujándome a través de las puertas de AA". Sin embargo, la sobriedad duradera no llegó de inmediato. Quizá mi Poder Superior se dio cuenta de que no podía soportar demasiada intervención directa a la vez, así que me entregó a nuestro amado "grupo de borrachos" y dejó que la naturaleza siguiera su curso. Afortunadamente, sentí que pertenecía a aquella primera reunión, y así, a pesar de los experimentos tratando de controlar la bebida, continué volviendo a AA.

Mi actitud no facilitaba que lograra la sobriedad. Muchas personas de AA se me acercaban; sin embargo yo las mantenía a distancia. No quería que nadie me conociera ni se involucrara en mi vida. Y tenía una fuerte reacción negativa al escuchar la palabra "Dios" en las reuniones. En aquel momento, tenía muchos prejuicios contra la religión. Si bien había conocido y admirado a algunas personas religiosas, nunca establecí ninguna conexión entre sus admirables cualidades y las creencias que profesaban. La religión en general me parecía un tema muy serio y no muy agradable, lleno de reglas (las reglas siempre me provocaban ganas de rebelarme) y condenas. No podía entender por qué las personas que parecían inteligentes creían en esas cosas. Por lo tanto, los aspectos espirituales del programa de AA me parecían imposibles al principio.

Afortunadamente, AA me había visto venir y tenía una respuesta preparada. Las reuniones de los Pasos fueron de una ayuda enorme. Las palabras contenidas en los Pasos siempre me aseguraban que podía creer en un Poder Superior según yo lo concebía. No tenía que adoptar ni consensuar con la concepción de Dios de nadie más. Aprendí a simplificar las cosas. Me mostré dispuesto y capaz de creer que había un Poder Superior benevolente, que obraba a través de AA para mantener sobrios a los borrachos. Al principio, vi la prueba de eso en los AA sobrios que me rodeaban. Luego, lo vi en mi propia sobriedad.

A medida que transcurría el tiempo, mis prejuicios fueron disminuyendo. Aún no podía ver a la religión organizada como algo atractivo (o útil) para mí; no obstante, podía aceptarla en otras personas sin menospreciarlas. Así, durante varios años, mi espiritualidad se basó únicamente en los principios de AA (tal y como yo los concebía). Para mí bastaba.

Sin embargo, a medida que continuaba sobrio, empecé a sentir la necesidad de más. Más de algo de lo que no estaba exactamente seguro. El Undécimo Paso del libro "Doce Pasos y Doce Tradiciones" me decía que para la meditación y la oración, "las bibliotecas y los templos del mundo constituyen una rica fuente de tesoros por descubrir para todo aquel que busque". Ese Paso continuaba diciendo: "Es de esperar que todo AA que haya tenido una formación religiosa que valora la meditación vuelva a practicarla con mayor devoción que nunca".

Y las diversas declaraciones que había visto de líderes religiosos, asegurándoles a los creyentes que AA no entraría en conflicto con su religión, me dieron cierto consuelo de que lo contrario también sería verdad: que la religión tampoco entraría necesariamente en conflicto con mi AA. Y aun así, continuaba perplejo. ¿Qué me podía ofrecer la religión?

Por aquel entonces (el 10.º año de sobriedad), una pareja de mi grupo base de AA me invitó a unirme a un grupo que estaban organizando sobre los Doce Pasos. Nos reunimos y repasamos los Pasos usando la literatura de AA y otros recursos durante 16 semanas. Nuestro grupo era mixto; cada uno de nosotros estaba en AA o Al-Anon, o en alguna combinación de un programa de Doce Pasos. El líder del grupo, Dick, un profesor jubilado que se había vuelto consejero, era un "doble ganador" de larga trayectoria en dos comunidades. Al igual que Margaret, su pareja.

Sentía que ya había trabajado los Pasos antes, pero esto era diferente. Ahora los trabajaba con otras personas, en orden (tomándome dos semanas para algunos), haciendo la "tarea" e informando al grupo. Curiosamente, las diferencias entre nuestras historias y nuestros orígenes resultaron ser uno de los puntos fuertes del grupo. Nuestras diferencias nos ayudaron a superar los detalles superficiales de nuestras compulsiones. Descubrimos puntos en común. Nuestro compartimiento fomentó la sinceridad y la introspección. Luego de trabajar los Pasos con este grupo, internamente me sentía bien con Dios y con el mundo.

Poco tiempo después de esta experiencia, viajé por dos semanas a Japón para quedarme con unos amigos. Visitamos muchos templos budistas y santuarios sintoístas hermosos lugares que persistían en su antigua quietud meditativa, como si estuvieran ubicados en un mundo alejado del bullicio inmediato de las ciudades japonesas.

Durante la visita a uno de estos, recordé una ocasión en la que me sentí atraído por un viejo cuadro en una casa de retiro jesuita. Recordé cómo ese cuadro me había hecho darme cuenta de que, durante cientos de años, otras personas habían estado haciendo exactamente lo que yo estaba haciendo en el retiro: buscar deliberadamente una relación con Dios. Reflexioné que, como alcohólico en recuperación, tenía algo en común con todos los alcohólicos de AA.

Pero eso no era todo. Tenía algo en común con el jesuita del cuadro antiguo y con los japoneses que construyeron los templos y santuarios. Aunque nuestras interpretaciones variaban, todos buscábamos una relación con un Poder Superior. Además, me di cuenta de que no tenía que ir muy lejos en mi búsqueda. Si estaba dispuesto a dejar a un lado mis viejos prejuicios, había muchas oportunidades para la oración y la meditación significativas dentro de mi propia tradición religiosa.

Ese pensamiento permaneció conmigo luego de mi regreso de Japón. Más adelante, ese mismo verano, iba meditando sobre esto mientras conducía un largo trecho entre bosques y granjas desde mi casa en el este de Ontario para visitar a mi familia que vivía en el norte de Michigan. Era un día hermoso, soleado y cálido. Gracias a mi reciente experiencia de trabajar los Pasos, hacía poco me había liberado de gran parte de mi viejo equipaje y de mis antiguas mentiras. Me sentía libre y auténtico. Admirando el paisaje, me invadió una profunda paz que perduró.

Por la tarde, paré a darme una breve zambullida en una bahía protegida del Lago Superior. Parecía como un pequeño paraíso. Prosiguiendo con el viaje, llegué hasta donde había un letrero de un templo católico, donde sentí (y le presté atención) un fuerte deseo de detenerme y rezar.

Rezar en el templo me pareció lo correcto. Tenía mucho que agradecer. Luego de marcharme, la sensación de paz y el impulso de rezar que me llevaron hasta ahí permanecieron conmigo durante varios días. Incluso cuando lentamente desapareció, aún me sentía inclinado a rezar, y no solo en la naturaleza, que había sido mi hogar de culto durante muchos años, sino en la iglesia (de todos los lugares que existían).

En ese momento, comprendí que había tenido una poderosa experiencia espiritual, para la que me habían preparado los Pasos. Y me condujo, directa e inequívocamente, a una tradición y una práctica religiosas que había malinterpretado y rechazado furiosamente en mi juventud.

Esa experiencia sucedió hace casi 25 años. Sin embargo, aún hoy puedo sentir su repercusión. Se abrió una nueva puerta. El sendero espiritual que se me presentaba era uno por el que, durante siglos, habían transitado millones de personas que buscaban y vivían en la fe. No tuve que hacerlo todo solo. Por lo tanto, di un primer paso en ese sendero, lo tomé seriamente y lo seguí. De inmediato acepté lo que podía y dejé el resto en el estante para más adelante, al igual que lo había hecho en AA.

Hoy me siento afortunado de poder participar en un servicio religioso a la hora del almuerzo casi todos los días de la semana, y también los domingos. La práctica de mi religión fortalece mi programa de AA, al mismo tiempo que mi experiencia de impotencia y humildad, de reparaciones y perdones en AA le infunde un profundo significado personal a mi religión. Funcionan a la par.

No es raro oír comentarios despectivos sobre la religión en las reuniones de AA. No sé si alguna vez yo mismo hice alguno, pero definitivamente solía sentirme así. Es por ello que quise escribir sobre mi recorrido espiritual en AA. Esta es solo mi historia. Espero no ofender a nadie. No estoy fomentando ninguna religión en particular. Ni estoy diciendo que todo el mundo deba tener una. Me sorprendió descubrir que yo sí.

En mi caso, me hubiese perdido muchas cosas buenas de haberme aferrado a mis viejos resentimientos y prejuicios, y a mi actitud autocomplaciente de "despreciar antes de investigar". El Segundo Paso en el libro "Doce Pasos y Doce Tradiciones" dice: "...en su búsqueda de la fe, los AA andan por innumerables caminos". Y agrega: "...seguro que descubrirás uno que te convenga si mantienes abiertos los ojos y los oídos".

Mike S.
Whitehouse, Ohio

La oración
Enero de 1980

El programa de AA solo sugiere que los principiantes intenten comenzar a concebir un poder superior a ellos, en sus propios términos individuales. Luego, un veterano podría sugerirle a un principiante escéptico que finja rezar y mantenga la mente abierta —además de no tomar el primer trago.

Llegué a este programa como ateo borracho. Hoy, rezo. Mi sobriedad es un reflejo de los buenos atributos de un Poder Superior; no es un reflejo de ninguna virtud moral o fuerza de voluntad de mi parte.

Este cambio en un ateo borracho, obstinado y cínico es un milagro más allá de toda comprensión humana. Sin embargo, un aspecto del programa siempre ha sido un requisito para mantenerme sobrio: los resultados. La oración sirve. Si la oración no sirviera y no diera resultados, hoy volvería a ser ateo.

La espiritualidad resulta ser extremadamente práctica. Orar, leer la literatura de AA, ir a las reuniones, practicar los Pasos y brindarle ayuda a otro alcohólico son cosas que se combinan para que mi vida sea más fácil y más cómoda, hora tras hora, día tras día.

Como ateo, y a modo de prueba, al principio fingí rezar. Los resultados han alterado mi percepción del cosmos. Existe un reino invisible. No voy a la iglesia ni he experimentado un despertar espiritual; todavía soy un cínico que respira fuego. Y aun así, regularmente elevo una oración a algo invisible y tan vasto que yo, como ser humano, jamás podré comprender ni siquiera nombrar.

Rezo por los resultados positivos que surgen de la oración. Soy pragmático. Entonces, por hoy, me he convertido en un agnóstico que, en ocasiones, experimenta fluctuaciones violentas hacia la fe. Con todas las bendiciones que me han sido concedidas en un año y medio, aún siento dudas y no he dado ese gran salto hacia la fe.

Todo esto solo prueba una cosa: que algunas nueces son más difíciles de romper que otras. Hoy en día, aún finjo rezar y obtener resultados. Quizá a Dios le gusten las nueces, en particular las duras.

R. E.
Philadelphia, Pennsylvania

En el bosque
Septiembre de 2007

Ahora veo cómo los Doce Pasos pueden funcionar de modo inverso. Al inicio de mi sobriedad, cuando empecé a trabajar los Pasos, cada nuevo día me sentía como si estuviera subiendo por la "escalera del éxito". Había encontrado, y ahora pertenecía, a la raza humana. Era maravilloso. Estaba haciendo amistades en sobriedad y la vida cada vez era más fácil sin el alcohol.

A los seis meses de comenzar el programa, recibí una bendición. Mi Poder Superior puso a una madre y a su bebé en mi vida.

Sentí que Dios me había dado la oportunidad de hacer por otra persona lo que yo no había podido hacer por mi propia hija.

En una de las reuniones a las que asistí, había una mujer que había perdido a su hija a manos del sistema de bienestar infantil. Las condiciones para recuperar a la bebé eran que encontrara una niñera, un trabajo y un hogar para ella y la niña. Yo acababa de perder mi trabajo y, sin dudarlo, me ofrecí de forma voluntaria para cuidar a la bebé. Qué regalo maravilloso recibí. Amé y cuidé a esta bebé como no fui capaz de hacerlo con la mía. Sentí que Dios me daba una segunda oportunidad de ser madre. Tuve a esta bebé día y noche y me enamoré de ella, sintiendo que esto duraría para siempre. Sin embargo, meses después, llegó el día en que ya no me necesitaban en sus vidas.

Mientras las cosas sucedían a mi manera, estaba conforme con la voluntad de Dios; cuando cambiaron, volví a conformarme con mi voluntad. Me caí de la escalera de los Doce Pasos. Afortunadamente, me detuve en el Primer Paso: no bebí. No obstante, regresé a mi obstinación desbocada. Estaba furiosa y los antiguos pensamientos regresaron con toda la fuerza. Quería llamar a los servicios infantiles y juveniles y contarles cosas sobre la madre. ¿Cómo se atrevía a quitarme a esta niña? Volví a ser un desastre emocional. Había olvidado dos cosas: la unicidad de propósito y la voluntad de Dios para nosotros.

Llamé a otras mujeres del programa, quienes hablaron conmigo y me acompañaron a enfrentar la ira. Nos juntábamos en las reuniones, me apoyaban, no en mis pensamientos, sino en mi crisis emocional. Me mantuvieron sobria y activa en AA. Finalmente, un día, me harté y me cansé del dolor. Tomé el libro los "Doce Pasos y Doce Tradiciones" y fui al bosque para estar sola e intentar poner en práctica lo que había estado escuchando en las salas de Alcohólicos Anónimos. "El resentimiento es el infractor 'número uno'". Sabía que debía soltarlo de algún modo. Tomé la decisión de quedarme en el bosque hasta que me librara de este terrible resentimiento y del dolor que me estaba provocando.

Abrí el libro y, de casualidad, fue en el Paso Once. Comencé a leer, aunque solo fuera para dejar de pensar en el odio y el dolor que sentía. Llegué a la Oración de San Francisco. Seguí sus indicaciones, releyendo la oración una y otra vez, intentando comprender su esencia a fondo. No cedí. Le pedí a Dios que por favor me ayudara a encontrar un alivio para mi alcoholismo. Volví a leer el Paso.

No sé cuántas veces leí la oración, ni cuánto tiempo estuve en el bosque; sin embargo, la última vez que la leí fue como si se encendiera una luz. La primera línea de la oración me impactó: "Dios, hazme un instrumento de tu Paz —que donde haya odio, siembre amor..." Para mí fueron palabras salvadoras. Me di cuenta de que la voluntad de Dios para mí era ser un canal. Me puso en el lugar correcto para ayudar a una madre y a su hija a volver a estar juntas, como debía ser.

Dios hizo por mí lo que ningún poder humano pudo. Entré al bosque sintiendo odio, dolor y desesperación. Salí sintiendo amor, paz y serenidad. El poder de la oración fue una lección hermosa que aprendí de la Comunidad de Alcohólicos Anónimos.

Peg S.
Panama City, Florida

El Padre Nuestro y los Doce Pasos
Septiembre de 1946

Recientemente, luego de más de cuatro años en AA, varios de los Doce Pasos me resultaron sencillos y claros gracias a un nuevo enfoque. La luz que me aclaró estos Pasos puede resultar atractiva para algunos principiantes que, al igual que yo, encuentran la totalidad del programa difícil de asimilar.

El pasado mes de febrero se cumplieron cuatro años de que Jimmy B. me pillara entre copas, después de un curso de posgrado en el Instituto Samaritano. Al principio, creí que mi nombre estaba en la lista de los tontos —debía trazarse una línea punteada en algún lugar. Sin embargo, se despertó mi curiosidad, y supe que había que hacer algo con mi forma de beber.

De las borracheras ocasionales de 1916 pasé a beber de forma continua y a tener episodios frecuentes de incapacidad total (hospitalizado dos veces por convulsiones urémicas seguidas de delirium tremens; hospitalizado por intento de suicidio; el fracaso de la cura samaritana en 1940 y 1941; la pérdida de dos negocios e innumerables trabajos; divorciado una vez y al borde de volver a estarlo), el mes de febrero de 1941 me encontró buscando desesperadamente una respuesta, por lo que asistí a mi primera reunión de AA.

Aquella reunión me convenció de que eso era todo; las personas que conocí habían recuperado la salud, la estabilidad, el respeto por sí mismas y un lugar en la comunidad. Si funcionaba para ellos, debía funcionar y funcionaría para mí. Volví a casa lleno de entusiasmo y euforia. Sin embargo, me asaltó una duda persistente, un miedo real. ¿A cuál de los Doce Pasos debo adherirme y cuál debo practicar? ¿De qué se trata todo este enfoque espiritual? ¿El requisito de que acepte y entregue mi vida a Dios? Eran pensamientos sorprendentes.

Le conté a mi esposa acerca de la reunión y de mi esperanza de que por fin fuera una salida para mí. Luego salí al parque para analizar a solas la necesidad de aceptar a Dios. Y supe que jamás podría superar esos Pasos. Durante años le había pedido en vano a Dios que me ayudase. (En realidad, ahora sé que había intentado negociar con Dios, solo cuando me encontraba en una muy mala posición). Había mucho para pensar, por lo tanto terminé sentado a una mesa al fondo de una taberna. Por supuesto, no para beber. En el parque hacía frío y necesitaba estar a solas con mis pensamientos. Eso fue un jueves a la noche.

Afortunadamente, el sábado por la mañana estaba lo bastante sobrio como para recordar la existencia de un local de reuniones en el centro de la ciudad, muy cerca de donde vivía. De alguna forma lo encontré, y también la respuesta a mi problema.

Jimmy B. llegó apenas después de mí. Tanto él como otros miembros me dijeron que me olvidara de los Doce Pasos —que me saltara la "parte de Dios" que menciona el programa. "Si estás seguro del Primer Paso, aférrate a eso. Quédate ahí por un tiempo y mantén la mente abierta. Lo que no te guste, omítelo. Y recuerda, hazlo con calma".

Así que anduve por allí, unas pocas horas todos los días. Asistí a todas las reuniones, iba a las llamadas y visitaba a los alcohólicos en las salas para psicopáticos del hospital de la ciudad. Mi mente tenía una sola reserva. No sería hipócrita al recitar el Padre Nuestro si no podía creer ni una sola palabra. Por supuesto, me levanté con los demás —sería demasiado sospechoso permanecer sentado— y, con los dientes apretados, guardé silencio.

No podía dejar de escuchar esa oración; escuchar cómo la pronunciaba de forma sincera un grupo de personas que habían sufrido todos los desastres que yo había sufrido.

En algún momento durante las primeras semanas, comencé a seguir la oración tal como la escuchaba, a pensarla y a reflexionar sobre ella. Al cabo de un año, ya la recitaba en voz alta en las reuniones y cada palabra tenía sentido.

Durante más de tres años he tenido una agradable sensación de paz y serenidad. Algunos de los Pasos de AA continuaron siendo grandes obstáculos, tal vez por ese hábito prematuro de pensar en ellos. Entonces, unas semanas antes, en una reunión, se habló de los Pasos de un modo que desencadenó una nueva línea de pensamiento. Luego de varios días, me di cuenta de que había aceptado esos Pasos más difíciles aproximadamente unos tres años antes. Había encontrado consuelo en el Padre Nuestro. Había estado pensándolo y diciéndolo, y haciéndolo de manera significativa. Podía empezar diciendo: "Padre Nuestro que estás en los cielos" y finalizar con: "Tuyo es el reino y el poder"—, y ahí se encontraba el Segundo Paso.

"Hágase Tu voluntad", ciertamente es el Tercer Paso.

"Perdona nuestras ofensas..., no nos dejes caer en la tentación, y líbranos del mal", era una forma de practicar el Sexto y el Séptimo Paso.

Y cuando el Padre Nuestro se dice de forma sincera y humilde, es cuando verdaderamente se ha aceptado el Undécimo Paso.

El Padre Nuestro, hermoso y simple a la vez, fácil de comprender, me ha aclarado por fin mucho de lo que me resultaba difícil de los Doce Pasos de AA.

Bill C.
Philadelphia, Pennsylvania

Un viaje espiritual
Febrero de 2021

Durante tres años de reuniones, trabajar los Pasos con mi padrino y el servicio me habían mantenido sobrio. Incluso, llegué a un punto en el que estaba un 97 % seguro de la existencia de un Poder Superior.

Mi concepto de un Poder Superior no surgió como el típico destello de luz. Más bien era un razonamiento de tipo intelectual en desarrollo. En realidad, la única decepción real que sentía en mi sobriedad era que no me habían pedido que apadrinara a otro alcohólico.

Pero ahora iba a emprender un viaje de cuatro días hacia una zona silvestre, sin reuniones, servicio telefónico ni contacto con ninguna persona en recuperación. Sabía que iba a beber. Sin embargo, no iba a ceder tan fácilmente. Calculé que podría luchar contra eso al menos dos días antes de que la compulsión me dominara. Entonces comenzaría el proceso de destruir la relación que había reparado con mi familia, a arruinar la salud que recuperé y a defraudar a los integrantes de mi grupo familiar. Sabía que ganaría el alcohol.

Acababa de volar a Minneapolis; alquilé un coche y conduje tres horas hacia el norte para unirme a uno de mis amigos más queridos de toda la vida en un viaje de trineo de perros, campameto y pesca en el hielo cerca de la frontera canadiense. Temprano a la mañana siguiente, otros seis hombres, a los que no conocía, se hicieron presentes en la granja que mi amigo tiene en una zona aislada con sus trineos y equipos de perros para unirse a nosotros en el viaje hasta el Área silvestre del límite fluvial. Las buenas tiendas de campaña con cocina y unos buenos sacos de dormir nos mantendrían abrigados durante la noche. Y, seguramente, habría mucho alcohol. Después de todo, ¿qué otra cosa hace un grupo de muchachos alrededor de una fogata a 20 grados bajo cero si no emborracharse?

Cuando llegué a la casa de mi amigo, nos reunimos en su pequeña cocina, mientras afuera un viento helado azotaba la vieja granja. Su esposa, una cocinera gourmet, preparó la cena. Ellos ya estaban ebrios por haber bebido varias copas de vino. El ambiente estaba lleno de aromas deliciosos. Una escena perfectamente acogedora y cálida. Luego, se me cruzó de forma abrupta un pensamiento: ¿Por qué no puedo ser parte de esta imagen cálida y encantadora?

Ese pensamiento simple fue todo lo que necesité. El anhelo de beber alcohol me invadió por completo. Mi mente giraba a cien kilómetros por hora. Con una confusión que rayaba el pánico, pedí disculpas y me retiré a la sala de estar a sentarme en un viejo sillón junto a una mesa llena de revistas y periódicos. Pensé en llamar a mi padrino de Montana mientras podía, pero en la granja no había cobertura móvil y no quería que mis amigos me oyeran hablar por el teléfono fijo de la cocina. Tenía miedo de que pensaran que era "débil". Una parte de mí sabía que era una mala excusa; sin embargo, la parte alcohólica lo resistía.

En dos oportunidades anteriores, al inicio de mi sobriedad, enfrenté deseos terribles de beber. Literalmente sentía como si una mano me arrastrara hacia la licorería. Por aquel entonces, todavía era bastante alérgico a la palabra "Dios con D mayúscula". A decir verdad, incluso la palabra "oración" me resultaba incómoda. Ambas veces murmuré una breve oración y el deseo desapareció. Sin embargo, en la profundidad de mi mente, pensé que quizá se trataba de una especie de "autohipnosis" y no de un Poder Superior real. Eso me dejó suficiente espacio para maniobrar y evitar la rendición absoluta.

Sentado en el sillón de mi amigo, sin tener ningún otro lugar a donde ir y lleno de desesperación, intenté pensar en las palabras "correctas" para comenzar a rezar. Mis pensamientos giraban en fragmentos y nada encajaba. Finalmente, susurré algo como: "Poder Superior, soy Jake. Por favor, quítame esta compulsión por la bebida". Eso realmente sonó estúpido. Era imposible que funcionara. No obstante, era lo mejor que podía hacer.

Esperé con escepticismo durante uno o dos minutos, pero no llegó ningún mensaje. La oración no había funcionado. No me sorprendió. Frustrado, y cada vez más desesperado, se me ocurrió hojear las revistas apiladas sobre la mesa y, tal vez, allí encontraría una "señal" de Dios. Abrí algunas, pero estaba tan enfadado y confuso que no podía concentrarme. Tomé un periódico viejo, pero los titulares solo lograban irritarme. Mientras bajaba el periódico de un manotazo, dispuesto a ceder, fijé la vista en algo que había en la parte inferior. Por algún motivo, decidí jalarlo y ver qué era. Lo que fuera para retrasar lo inevitable.

Saqué una página de un boletín informativo de una tienda de comestibles o gasolinera local. En la parte superior estaba escrito: "Publicado según nos mueve el espíritu". En la esquina superior derecha, en letras pequeñas decía: "La libertad no es gratis". Vi algunos anuncios, como un evento social de reparto de helados en una iglesia, una boda y el anuncio de un nacimiento. Pensé en el evento social en la iglesia. Ese estúpido boletín informativo parecía estar burlándose de mí. Uno de los resentimientos de mi Cuarto Paso eran los grupos de personas, aparentemente alegres, que visitaban la iglesia después de los servicios. En mis días como bebedor, esas personas realmente me molestaban. Los consideraba unos hipócritas absolutos o unas ovejas estúpidas que se creían todo lo que les decían.

Mientras dejaba de lado el boletín, se apoderó de mí una sensación que solo puedo describirla como una enfermedad del alma casi insoportable. Mi última oportunidad era Dios, y no había funcionado. Ahora estaba a punto de volver a esa oscura y lamentable sensación de inutilidad, y me sentía impotente para detenerme. Volvería a la cocina e intentaría fingir que todo estaba bien. Fingir. Durante mis últimos años de alcoholismo, lo hacía bastante bien.

Pero le di un último vistazo al boletín y vi la palabra "felicidad" en un encabezado al final. Como una especie de robot sin voluntad propia, comencé a leer. Cuando llegué a la mitad, se me puso la piel de gallina.

Decía: "entonces, ¿qué es la felicidad? La respuesta no es compleja. La felicidad es simplemente un estado de libertad interior. ¿La libertad de qué? Con un poco de autopercepción, cada persona puede, por sí misma, responder a esa pregunta. Se trata de liberarse de las angustias y ansiedades secretas de las que no hablamos con nadie. Se trata de liberarse de los pensamientos confusos que nos llevan a actuar de forma compulsiva y, luego, a arrepentirnos. Se trata de liberarse de los deseos dolorosos que nos engañan, haciéndonos creer que nuestro logro respecto de esta persona o de tal situación hará que todo esté bien. La felicidad es la libertad de todo aquello que nos hace infelices. —Autor desconocido".

De repente, me invadió una profunda calma. El miedo a beber desapareció por completo. Me quedé perplejo. Mi Creador había elegido la manera perfecta de responder a mi oración. Las palabras no podrían haber sido más precisas para mi situación. No fue un mero accidente. Dios había hecho por mí lo que yo no podía hacer por mí mismo. En ese momento tuve la certeza absoluta de que existía un Poder Superior. Nunca más me sentiría solo.

Regresé a la cocina para unirme a mis amigos. El amor por ellos y por el mundo comenzó a irradiar a través de mí. Todo parecía estar bien. Les pregunté si podía quedarme con el pequeño boletín y me dijeron que por supuesto.

Los muchachos que aparecieron temprano a la mañana siguiente con sus equipos de perros y trineos resultaron ser excelentes personas. Un par de biólogos, un maestro de educación especial, ese tipo de personas. ¿Y el alcohol? La última noche del viaje, uno de los biólogos sacó una sola pinta de whisky y la hizo circular en torno al fuego; el único alcohol que vi en todo el viaje.

Dos de los muchachos se le unieron para beber un sorbo y la botella volvió a su casa llena hasta las tres cuartas partes. ¿Cómo es posible?

Una semana después regresé a mi grupo base de Montana; un hombre me pidió que lo apadrinara. Era obvio que los tres años anteriores no había estado preparado. Había pasado por alto que mi orgullo intelectual era un defecto de carácter. El Poder Superior sabe lo que hace. Yo no.

Aquel viaje en trineo de perros por el norte de Minnesota sucedió hace 15 años. Aún llevo ese boletín tan gastado doblado en la billetera y cada vez que lo saco y lo comparto con otro alcohólico, se me pone la piel de gallina. El Poder Superior que respondió a mi oración aquella noche me ha mantenido sobrio y útil a través de la tragedia de tener familiares adictos, los altibajos en las relaciones y los periodos de incertidumbre propia. También me ha acompañado durante muchas horas gratificantes de trabajo de servicio, de diversión con amigos y con la profunda bendición de simplemente estar vivo y experimentar todo lo que la vida me depara, ya sea lo bueno como lo malo. Aún soy el padrino de aquel hombre que me lo pidió cuando regresé de Minnesota. O quizá sea él quien me apadrina. Hay cierta confusión en ese sentido. Nos reímos de eso.

Hay un pasaje del Libro Grande que define mi condición espiritual antes de sentarme en el sillón de mi amigo de Minnesota hace tantos años:

"Estábamos agradecidos de que la Razón nos hubiera llevado tan lejos. Pero de cualquier manera, no podíamos bajar a tierra. Quizá en la última milla estábamos apoyándonos demasiado en la razón y no queríamos perder nuestro apoyo".

Extendí la mano con desesperación y mi Creador estaba allí para mí. Y, más adelante, el capítulo dice:

"Las barreras que había construido a través de los años fueron arrolladas... Había pasado del puente a la orilla. Por primera vez vivía en compañía consciente con su Creador".

Desde aquel viaje al norte de Minnesota, jamás volví a sentir una compulsión por el alcohol.

Jake H.
Whitefish, Montana

Diversas formas de orar
Noviembre de 2018

El orador de la primera reunión de AA a la que asistí era un hombre llamado Harold. Eso fue hace 33 años. No recuerdo mucho lo que dijo; sin embargo, algo quedó en mi mente. Describió al alcoholismo como una enfermedad triple del cuerpo, de la mente y del espíritu. Eso tuvo un sentido inmediato para mí.

Llegué a AA con 45 años; sin embargo, desde lo emocional y espiritual continuaba siendo un adolescente atrofiado. Tenía que empezar a crecer. Físicamente, estaba muy enfermo. Luego de mi última borrachera, intenté suicidarme y me llevaron de urgencia al hospital. Estaba tan débil cuando me dieron el alta que tuve que usar un bastón y me sentía demasiado enfermo para ir a la reunión de AA a la que me invitaron esa noche los dos hombres que hicieron el Paso Doce conmigo.

Mentalmente, estaba claro que algo estaba terriblemente mal conmigo. Me sentía tan abandonado y aterrorizado de la vida, que la única solución era el suicidio. No quería morir, pero no sabía cómo vivir. Espiritualmente, me sentía vacío por dentro.

Cuando era adolescente, era intensamente religioso. Pertenecía a una iglesia pentecostal y predicaba en salones evangélicos, en Speakers' Corner del Hyde Park londinense y ante multitudes durante las vacaciones en el mar. A los 17 años, le dije a mi padre que ardería en las llamas del infierno si Jesús no lo salvaba. Pero luego me convocaron para el servicio nacional en la Fuerza Aérea Real, me enviaron muy lejos de casa y encontré otro "santo espíritu", conocido como alcohol.

Cuando me emborraché por primera vez, tuve una experiencia espiritual falsa. Experimenté una expansión ilimitada en mi mente. Me convertí en un explorador del espacio espiritual. Veneraba al alcohol, pero este resultó ser un dios falso e infiel. Disfrazado de Poder Superior benigno, en realidad el alcohol buscaba mi destrucción.

Después de 25 años de beber sin control, llegué a ese estado de "lastimosa e inexplicable desmoralización" que describe el Libro Grande. Llegué al punto de inicio. Deseaba que llegara el final.

El capítulo "Trabajando con los demás", del Libro Grande, señala respecto de nuestro candidato que "puede ser que su educación y formación religiosas sean muy superiores a las tuyas". Eso se aplicó a mí la noche en que me hicieron el Paso Doce aquellos dos miembros de AA, un antiguo ejecutivo de banca y un obrero desempleado.

Entre muchos intentos de controlar mi forma de beber, había dejado un trabajo en el que me enfrentaba al despido por mi irresponsabilidad con la bebida y entonces decidí formarme como profesor. En la universidad, un examinador me felicitó por un ensayo en el que comparaba y contrastaba el milenarismo apocalíptico de los evangelios sinópticos con la escatología del cuarto evangelio. Además del cristianismo, estudié hinduismo y judaísmo y obtuve el título de profesor de religión.

Sí, tenía credenciales religiosas académicas y cartas con mi nombre, pero los hombres que me dieron el Paso Doce estaban sobrios y yo no podía dejar de beber. Mi problema no era la falta de conocimientos religiosos. Mi problema, según dice el Libro Grande, era la falta de poder.

Años más tarde, cuando fui secretario de un grupo de Pasos de AA, le escuché decir a un miembro que era doctor en divinidad. Le pedí que compartiera sobre el Paso Once. Le dije que ser doctor en divinidad le daría una gran ventaja sobre el tema. "Exactamente lo contrario", me dijo. "Con mis conocimientos religiosos superiores y mi asistencia a la iglesia, pensé: ¿Qué podría aprender de un grupo de amas de casa, plomeros y banqueros? Mi arrogancia intelectual me hizo seguir bebiendo. Solo cuando estuve brutalmente derrotado me di cuenta de la diferencia entre los conocimientos religiosos y la asistencia a la iglesia y la espiritualidad de la sobriedad".

Cuando fui a mi primera reunión de AA, le había dado la espalda a la religión y era un agnóstico escéptico y pendenciero. No obstante, la mención de Dios en los Pasos y las Tradiciones no me desalentó. Fui a esa reunión una semana después de un intento decidido de suicidio y llegué a "tener la amplitud de mente y la buena disposición para escuchar y creer que tienen los moribundos", según se describe en los Doce Pasos y Doce Tradiciones. Me dispuse "a hacer lo que haga falta para librarnos de esta despiadada obsesión" con el alcohol. Tuve que "dejar de meterme en debates" y estar dispuesto a aceptar consejos y a vivir de la experiencia.

Sufrí terriblemente de ansiedad neurótica al principio de mi recuperación y rezaba la Oración de la Serenidad como un mantra para salir adelante. Luego, adopté mi propia meditación silenciosa: "La voluntad del amor, no la mía; estad quietos y conoced". La repetí continuamente hasta que la interioricé. La repetía mientras paseaba a mi perro.

En 1952, cuando llevaba 27 años sobrio, Bill W. escribió en el Grapevine: "Siempre que me encuentro bajo tensiones agudas, alargo mis paseos cotidianos y repito lentamente nuestra Oración de la Serenidad al ritmo de mis pasos y de mi respiración... Este proceso de sanación benigno de la repetición..., rara vez ha fallado al momento de devolverme, al menos, a un equilibrio emocional factible". A mí también me funciona, porque sigo teniendo problemas psicológicos y tendencias neuróticas. Hoy sé que una copa no los resolverá.

El Libro Grande dice: "Prepárate para darte cuenta dónde están en lo cierto las personas religiosas. Haz uso de lo que ellos te brindan", y "No todos nosotros ingresamos en agrupaciones religiosas, pero la mayoría estamos en favor de esas afiliaciones". El grupo de AA al que me uní se encontraba en una casa de reuniones cuáquera. Me intrigó un cartel que vi en su tablón de anuncios, así que fui a una reunión cuáquera un domingo y sigo yendo desde entonces. En la recuperación, comencé a asistir a retiros espirituales y jornadas de silencio organizados por miembros de AA. El primer retiro al que fui en un convento fue un calvario. No llevaba mucho tiempo sobrio y me resultaba casi imposible hablar con otros miembros. A la hora de comer, me sentaba con la cabeza gacha sobre el plato, evitando el contacto visual.

Mucho después, superé mis miedos y comencé a organizar y dirigir yo mismo los retiros y las jornadas de silencio. Algunos años antes, mi padrino me había sugerido que me podrían resultar útiles las sesiones semanales de meditación cristiana. Cuando las monjas que las organizaban se mudaron, mi esposa y yo aceptamos dirigir el grupo.

El Paso Once trata de nuestra relación creciente con Dios. Estoy profundamente agradecido de que, mucho tiempo atrás, Jimmy B., un miembro ateo insistiera en que se agregara al Tercer y al Undécimo Paso el calificativo "tal como lo concebimos". La frase está en cursiva para enfatizar su importancia.

Hoy soy un agnóstico respetuoso y de mente abierta. AA no me exige creer en un ser trascendente y metafísico para seguir manteniéndome sobrio. Al rezar, creo conectarme con ese "insospechado recurso interior" y esa "gran realidad" que hay en lo más profundo de mi ser, de lo que habla el Libro Grande. Es esa fuente de Poder Superior a mi yo egoísta que reconocí cuando admití, ante mi yo más íntimo, que era alcohólico.

Para mí, como dice la Biblia, Dios es amor. Cada mañana pido que me muestre el camino del amor. Pido poder ayudar a otro alcohólico y siempre agrego: "Si es tu voluntad". Cada vez que entro en una reunión de AA, es un acto de oración. Estoy diciendo: "No puedo hacer esto solo. Necesito ayuda". Escuchar atentamente a otros miembros cuando comparten, también es una forma de meditación porque me libera de mi mente magnificada.

En aquel artículo del Grapevine de junio de 1958, Bill W. escribió: "Los otros Pasos pueden mantenernos sobrios a la mayoría de nosotros y, de alguna manera, en funcionamiento. No obstante, el Undécimo Paso puede hacer que continuemos creciendo si nos esforzamos y trabajamos en ello de forma constante".

De acuerdo con mi propia experiencia, esto ha sido real. Según escribió el miembro cuya historia se titula "Las llaves del reino" en el Libro Grande: "Debemos tener un programa para vivir que permita la expansión ilimitada".

Anónimo

Más fuerte y más brillante
Noviembre de 2015

A medida que me acerco a mi cumpleaños número 76 y al 17.º aniversario de sobriedad, me siento emocionado. Me siento muy motivado a compartir sobre nuestro extraordinario Paso Once. Realmente asombra cómo el progreso lento y estable de este Paso paga sus dividendos de felicidad.

¿Cómo le sucedió esto a un borracho que se caía a pedazos como yo? Creo que el apadrinamiento y la persistencia fueron las claves. Un día, al inicio de mi sobriedad, luego de haber pedido por la gracia de no beber, me desafiaron a que dedicara uno o dos minutos de la mañana a rezar. Después, se me pidió que mantuviera este buen hábito —y que persistiera, pasara lo que pasara— todos los días. También se me dijo que rezara más seriamente y pasara más tiempo haciéndolo.

El resultado fue similar al de ir a las reuniones de AA: llegué a un punto en el que crucé una línea y tuve hambre de más. Sabía que tenía que hacerlo para mantenerme sobrio. Pero tener que hacerlo y desear hacerlo son dos cosas muy distintas. Cuando el fuego se enciende en el interior y se le da cariño y atención, el fuego se hace más fuerte y la luz más brillante.

Sí, hay épocas secas en las que no siento ninguna conexión. Pero simplemente persisto y hago un inventario de mí mismo (no de las demás personas). Luego me aseguro de que no haya reparaciones que deba hacer, u otras formas de conducta que sean producto de un alcoholismo no tratado. Si hago todas estas cosas, mi conexión con el Poder Superior siempre regresa. (Por cierto, siempre se me ocurre una lista de racionalizaciones de 30 centímetros de largo sobre por qué no debería dedicarle tiempo a la oración y la meditación. He experimentado la mayoría de estas y puedo decirle que, como todas las medias tintas, son puras tonterías).

Ahora he desarrollado convicciones personales profundas sobre lo que está bien y lo que está mal, basadas en la experiencia —con el error y el dolor como mis mejores maestros. Cuando hago todo lo posible por seguir a estas convicciones, tengo una fuerte sensación de estar conectado con mi Poder Superior. Como resultado, mi fe y mi confianza en Dios se han multiplicado. Me encanta cuando estoy centrado en el Poder Superior y en mi programa y recuerdo que debo darle prioridad a mis valores, que con frecuencia están en desacuerdo con los del mundo. Cuando me siento en armonía con mis valores, estoy tranquilo y en paz. ¡Eso es muy bueno! Y no veo límites a mi crecimiento espiritual personal a medida que continúo practicando este buen hábito aprendido.

La mayor de todas las recompensa es que la oración y la meditación han agrandado mi corazón. Con eso, me refiero a mi capacidad de amar a Dios, a mis hermanos y hermanas alcohólicos, a mi familia y a todos los hijos de Dios. Es un sentimiento maravilloso de paz y felicidad interior que no creía que se pudiera mantener. Pero es la cuarta dimensión de la que hablaban nuestros fundadores de AA —y eso no tiene precio.

La oración y la meditación son tiempo que paso con mi Poder Superior; lo que me dio el don de la sobriedad. Carezco de poder y Dios tiene todo el poder. Cuando le pedí (rogué) a Dios, me concedió una vida totalmente diferente, una vida en la que el camino moral es la meta de cada día, una vida con una manera de volver a encaminarme cuando me desvío del sendero principal. Esa es la vida que mi creador, que me ama y me cuida, desea para mí.

Le agradezco a mi alcoholismo por haber llamado mi atención para que pudiera acercarme a Él y rendirme para comenzar a vivir.

En la actualidad, practico dos períodos de silencio: uno por la mañana y otro por la tarde. Cada uno por lo general dura aproximadamente 45 minutos. Y me esfuerzo por rezar de forma continua entre esos intervalos, elevando oraciones por las personas que son especiales para mí y por el conocimiento de lo que Él desea que haga. Todos los pensamientos que me cruzan por la cabeza durante las horas de vigilia se pueden enfocar con mucha práctica. Mi intención es practicar, practicar y practicar, hasta el día que me sepulten.

¡Y vaya que tiene beneficios! No son cosas para niños buenos. Es un pensamiento práctico que me mantiene protegido de la lucha diaria con el alcoholismo no tratado. La calidad de mi vida de oración me vuelve mucho más eficaz al trabajar con otros alcohólicos. De hecho, es directamente proporcional a ello. Su voluntad para mí es transmitir las buenas noticias sobre mi experiencia con los Doce Pasos. Al hacerlo, me elevo a esta cuarta dimensión, donde soy relativamente feliz, independientemente de las circunstancias de mi vida. Para este exborracho, eso es una bendición. Creo que intentaré mantenerme sobrio un día más.

B.K.
Grove City, Ohio

No necesito comprender
Noviembre de 2020

He sido suscriptor del Grapevine desde que logré la sobriedad en AA. Mi padrino me consiguió una suscripción para Navidad, una política que continúo con mis propios ahijados. Recientemente estaba leyendo la historia de un miembro y su lucha con el Poder Superior me impulsó a escribir.

En todos los años que llevo en AA (viviendo en cuatro estados distintos, hablando dos idiomas diferentes), nunca he oído criticar a nadie por identificarse como ateo o agnóstico, o por hablar abiertamente de tener problemas con su concepto de un Poder Superior. Siempre he encontrado una cálida aceptación por parte de todos en AA, independientemente de la tradición religiosa de la que procedieran.

Siempre sentí una amistosa reafirmación de que, como se oye con frecuencia en las reuniones, este es un programa espiritual, no religioso. No tiene que creer en nada, y puede usar a AA como un Poder Superior.

Llegué a AA con un sentimiento todavía amargo contra lo que había experimentado en la religión organizada. Solo había visto que la religión se usaba de forma hipócrita. En nuestra comunidad, aprendí a respetar y apreciar el hecho de que muchas personas puedan encontrar su inspiración y guía espiritual de maneras que no funcionan para mí.

Descubrí que necesitaba volver a mis raíces nativas americanas y fortalecer mi conexión con el "Gran Espíritu". No tengo ningún inconveniente en usar las palabras de otras religiones para referirme a lo mismo: Dios, Alá, Buda, o lo que funcione para cada persona. Me he dado cuenta de que las personas que escribieron nuestra literatura original de AA simplemente utilizaron el lenguaje cristiano de su educación, aunque muchas (incluido nuestro cofundador Bill W.) habían rechazado a "Dios" y a la "religión" en algún momento.

Permítanme compartirles una cosa que he aprendido en mi propio recorrido desde que logré la sobriedad en AA: Cuando estamos realmente a gusto con nosotros mismos, y con lo que hemos experimentado o no de un Poder Superior, no sentimos la necesidad de menospreciar a las personas que lo ven de otro modo. Ya no intentamos reparar nuestras inseguridades con comparaciones negativas entre los demás y nosotros mismos. No tenemos necesidad de criticar a los ateos o a los que se inclinan por pasar tiempo de rodillas orando en busca de la protección divina. No tenemos que criticar la forma en que otros miembros de AA entienden el ateísmo, el agnosticismo o la fe.

Es más, no intentamos nombrar a seres humanos en particular (incluido el Comandante del cuerpo de Marinos, por mencionar un ejemplo que he oído) como un Poder Superior para AA. Los seres humanos simplemente no pueden hacer ese trabajo.

En cambio, podemos recurrir a un ingrediente vital de AA: la humildad. Los veteranos de AA me enseñaron que la humildad implica "ser honesto y sincero respecto a uno mismo". O, como escribió un miembro en la historia del Libro Grande "El hombre que dominó el miedo": "Se me habían caído las escamas de los ojos y pude ver la vida en su perspectiva correcta. Había intentado ser el centro de mi pequeño mundo, mientras que Dios era el centro de un vasto universo del que yo era, quizá una parte esencial, pero muy diminuta".

No tenemos que llamarlo "Dios". No tenemos que tener una palabra para nombrarlo. En AA hay sitio para todos —incluso para los que aún luchamos contra nuestra incredulidad.

Está bien que los seres humanos no podamos analizarlo todo desde el punto de vista intelectual. Mira, las ardillas y las lombrices de tierra no entienden sobre física nuclear. No necesitan comprender. Hacen su trabajo aireando y fertilizando nuestra Madre Tierra para que pueda cultivar las plantas de las que todos dependemos. De igual modo, yo no entiendo a nuestro Poder Superior. No necesito hacerlo. Todo lo que sé es que una noche, cuando ya no podía más, miré al universo y dije: "Nunca podré 'creer en Dios' como las personas dicen que hay que creer, pero si hay alguien o algo ahí a quien le importe si vivo o muero, me gustaría que me lo hiciera saber".

Algo muy maravilloso respondió a mi pedido. Elijo llamar a ese algo o alguien el Gran Espíritu. Entonces, hago mi trabajo. Hoy permanezco sobrio. Limpio mi interior. Ayudo a otros.

Chris S.
Hillsboro, Oregon

La respuesta a mi oración
Septiembre de 2019

M i padrino me enseñó a rezar. Empezó con la oración más sencilla: "Ayuda". La llamaba la oración del intelectual, porque podía decirla y reservarme el derecho a no creer en Dios. Ni siquiera tenía que usar la palabra "Dios", solo esa palabra esencial. Como yo me consideraba un intelectual, me preguntó si podía memorizarla. De acuerdo, chico listo, la memoricé.

La primera vez que utilicé esta oración de una sola palabra me entraron tantas ganas de beber que me dolió físicamente todo el pecho y el abdomen.

La oración funcionó. Dejé de querer beber. Dejó de dolerme. Mis músculos se relajaron. La oración tuvo un resultado físico externo que se podía medir.

Empecé a convencerme del poder de la oración. Aún no estaba seguro de que hubiera algo a lo que realmente le estuviera rezando; sin embargo, poco a poco comencé a agregarle mis propias palabras a la oración. Enseguida agregué "Yo". Luego, empezaba con "Por favor". El día en que dije: "Por favor, ayúdame a hacer lo correcto", supuso un cambio importante en mi actitud egocéntrica.

Aun así, me costaba creer en algo "más grande que yo mismo". No sabía qué seres invisibles podían estar acechando a la vuelta de la esquina de mis delirios paranoicos ni qué ángeles benévolos podían estar luchando contra ellos. No sabía si había un Dios amoroso al timón del universo o un monstruo gigantesco que nos hundía a todos en el infierno.

Entonces, mi padrino me dijo que rezara para creer en lo que fuera verdad. A lo que fuera verdad, sea lo que sea, le recé; déjame creerlo.

Comencé esa noche y continué al día siguiente. Repetí la oración durante todo el día cada vez que pensaba en ello. No tenía mucho más en qué pensar. La repetía como un mantra, constantemente a lo largo del día, sin importarme lo que estuviera haciendo.

Mi oración desesperada me calmaba en medio de los altibajos del día. Me sostenía en mi trabajo poco calificado, sin demasiado razonamiento y centrado en la recuperación, así como en la caminata hacia mi reunión de AA por la noche. Comencé a confiar en que podría aprender algo rezando, pero aún no tenía idea de qué podría ser.

Me senté en la reunión y seguí repitiendo la oración en voz baja. Un muchacho habló de su lucha contra los pensamientos suicidas, lo que me sacudió de mi ensueño particular. Dijo que seriamente estaba considerando hacerlo ese mismo día. El líder de la reunión le sugirió que leyera un pasaje del Libro Grande. El chico dijo que no tenía el libro. El líder trasladó delicadamente la discusión al siguiente miembro del grupo sobre el tema del día y el suicida se quedó sentado en silencio hasta el final de la reunión.

Después de la reunión, el líder habló con el muchacho suicida. La secretaria del grupo los interrumpió para ofrecerle al hombre un Libro Grande. El hombre dijo: "Usted no entiende. No tengo dinero". De hecho, había mencionado que ese era uno de los problemas que lo empujaban al suicidio. "Usted no entiende", le dijo la secretaria. "Queremos dárselo. El grupo quiere que lo tenga". Y la secretaria le entregó el libro. El muchacho lo tomó.

Me quedé sentado ahí repitiendo mi breve oración mientras observaba todo eso. Nadie me estaba prestando atención, pero yo sí estaba observándolos detenidamente. Estaban interpretando la respuesta a mi oración.

De repente se me ocurrió que, aunque todo aquello fuera una alucinación, en algún lugar del universo existía ese tipo de amor. Amor puro, sin ataduras, cuidando de otro ser humano solo porque lo necesita. Darle a alguien aquello que le ayudará en la situación en la que se encuentra.

Amor. Puedo creer en el amor. Esa es la respuesta a mi oración.

Thomas G.
Silver Springs, Maryland

CAPÍTULO TRES

A través de la acción

*Practicar la conexión espiritual mientras corre, se ejercita,
nada y hace muchas actividades más*

C omo dice el capítulo sobre el Segundo Paso del libro de AA
Doce Pasos y Doce Tradiciones, "Me apresuro a asegurarte
que en su búsqueda de la fe, los AA andan por innumerables
caminos". Para muchos de los escritores que comparten su experiencia,
fortaleza y esperanza en este capítulo, ese camino estuvo marcado por
una amplia gama de actividades, desde el yoga y la natación hasta andar
en bicicleta y en monopatín. Para estos alcohólicos, dichas actividades
ofrecen un punto de ingreso para el espíritu —un portal hacia la conciencia y la experiencia espirituales.

"Se nos dice que entreguemos nuestras vidas y nuestras voluntades a un
Poder Superior", escribe J. J., exinstructor de natación, en su historia "¿Hundirse... o nadar?". "Qué simple me resultó comprenderlo cuando lo comparé con confiar en la flotabilidad del agua; un poder que siempre está allí,
siempre disponible para nosotros con solo aceptarlo, relajándonos en él, sin
esforzarnos por conseguirlo, sin buscarlo, simplemente dispuestos a aceptarlo". Y el ciclista B. B., en "De nuevo en el asiento", nos cuenta que existen
tres reglas secretas para andar en bicicleta, que no encontrarás en ningún
libro de ciclismo: "Hazlo con calma. Un día a la vez. Sigue viniendo".

La oración y la meditación siempre pueden desarrollarse más, y utilizar
estas prácticas con regularidad puede generar recursos espirituales. Desarrollar un grupo de "músculos espirituales" es un tema que comparten muchos AA y, en particular, Kim H., según lo ilustra en su historia "Hundirse o
nadar". "Si ejercito mis músculos espirituales a diario, los mantengo fuertes
y preparados para responder", escribe, "lo más probable es que cuando encuentre que verdaderamente los necesito, pueda activarlos para controlar
cualquier dificultad o desafío al que me enfrente".

Calma y tranquilidad
(Extracto)
Noviembre de 2019

Aunque me he mantenido sobrio desde el 2004, me había resultado difícil encontrar una práctica del Paso Once que me funcionara. Continué "fingiendo", aferrándome a cualquier pequeño ejemplo de paz y tranquilidad como mi meditación diaria. Esto incluía la jardinería básica, los "silenciosos" cinco minutos que cada mañana me tomaba enviar mis correos electrónicos sobre las Lecturas Diarias e, incluso, lavar los platos.

Durante los últimos tres años, he desempeñado un papel fundamental en el fracaso de mi matrimonio, en un divorcio relativamente pacífico y en una solución de paternidad compartida de nuestra preciosa hija de 5 años. Esta evolución, desde el divorcio a una exitosa asociación para ejercer la paternidad, ha estado incluida, en mayor medida, por mi nueva y consistente práctica del Paso Once de intenso yoga diario.

Por ser un niño precoz, era un auténtico sabelotodo y un abusador verbal. Como adulto borracho, me asustaba todo lo que representara un desafío o algo desconocido. Me abrí camino bebiendo entre trabajos en restaurantes y mujeres, mientras corría de Virginia a Texas y de regreso. No le recomiendo a nadie viajar borracho en autobús. Puedo decirles que la abstinencia de alcohol en el baño de un autobús es un verdadero fastidio.

Finalmente, el alcohol me hizo entrar en razón. Ya no podía imaginarme la vida con o sin alcohol. Cuando volví a las montañas Blue Ridge, de Virginia, una última vez para beber hasta morir, fracasé nuevamente y acabé sobrio.

Me guiaron hasta el grupo de AA llamado Cima de la Montaña y a un padrino amable y cariñoso, Irvin. Amable y cariñosamente me dijo que "leyera la literatura y permaneciera en ella". Irvin nunca me ha dicho lo que tengo que hacer; simplemente me lo muestra.

Irvin y yo continuamos recorriendo los Doce Pasos. Ahora yo guío a otros hombres a través de estos, tomando su ejemplo. Una de nuestras prácticas del Paso Once es llevar un registro de los obstáculos que se anteponen a la meditación.

La falta de tiempo y de voluntad solían encabezar mi lista. Así como la bebida me había robado la capacidad de generar el dinero que necesitaba para beber, la calamidad me obligó a encontrar el tiempo y la voluntad para tomarme en serio el Undécimo Paso. Mientras mi ira no resuelta alejaba a mi actual exesposa, los Pasos, los retiros, las oraciones y la terapia, no pudieron detener la destrucción del matrimonio. Cuando supe, más allá de la sombra de la duda, que necesitaba "hacer una pausa, al sentirme inquieto o dubitativo, y pedir por el adecuado pensamiento o manera de actuar", no pude hacerlo. No tenía los recursos espirituales para cerrar mi estúpida boca cuando supe que debía hacerlo.

Un día, mientras estaba en el Centro de información donde trabajo, rodeado de agrupaciones de supercomputadoras, mi amiga y compañera, fanática hasta la locura de las carreras de obstáculos, me invitó a una clase de yoga al mediodía. Aunque la idea del yoga me llenó de "desprecio antes de investigar", algo me hizo decirle que sí. Pronto me encontré en una sala con una cadena de banderas de oración colgadas en la ventana. Allí conocí a una pequeña y fuerte profesora de yoga proveniente de Grecia, que se llamaba Lynn.

La profesora Lynn es una profunda y comprometida seguidora de la espiritualidad. Habla maravillas de su maestra, de la maestra de su maestra y de la maestra de la maestra de su maestra, al igual que yo hablo de mi linaje de apadrinamiento en AA. Es muy rigurosa en cuanto a la posición precisa y simple de las manos.

El mensaje de mi grupo base es "Mantenlo simple", lo que encaja bien con nuestra profesora, que no nos impone un Dios o dioses a los que rezar. Lo deja a nuestro criterio.

En AA se me ha concedido la libertad de encontrar un Poder Superior que pueda llegar a conocer y amar. Un año y medio antes, encontré un hogar en aquella clase, al igual que cuando ingresé al grupo Cima de la Montaña por primera vez, roto y maltrecho.

Cada día, antes de nuestro primer "om" o "saludo al sol", nuestra profesora de yoga nos pide que fijemos la intención en algo. Yo elijo centrarme en mi bella exesposa y regalarle mi práctica. Esta acción pequeña y constante me ha ayudado a ser mejor padre y mejor amigo. También me ha ayudado a calmar y a silenciar la respuesta no buscada.

Jason C.
Fairlawn, Virginia

¿Hundirse... o nadar?
(Extracto)
Julio de 1954

Cuando llegué por primera vez a AA, inmediatamente me di cuenta de que los miembros habían encontrado algo que era muy superior a la miserable inquietud y agonía de estar "en abstinencia". Deseaba lo que ellos tenían, porque sabía que para mantener una sobriedad continua, debía encontrar una sobriedad satisfactoria. También decidí que si ellos podían hacerlo, yo también podría.

Si bien el programa era simple, parecía irreal hasta que decidí relacionarlo con algo que me fuera familiar. Había sido instructor de natación, por lo tanto, simplifiqué el programa para mí y lo hice comprensible y utilizable, relacionándolo con la natación.

Me habían dicho que los Doce Pasos y nuestras numerosas frases como "Hazlo con calma", "Vive y deja vivir" y nuestro programa de 24 horas, son meras sugerencias, que no son obligaciones. Puedo entenderlo, porque en la natación no existen las obligaciones. Por el contrario, es imposible obligar a una persona a nadar o respirar correctamente. Sin embargo, si desea mejorar sus habilidades y su propia seguridad, solo puede hacerlo siguiendo las sugerencias que se le ofrecen.

Hay muchos nadadores que nunca aprenden a respirar correctamente. Su resistencia es corta y su seguridad cuestionable. Sabiendo esto, decidí seguir nuestros Pasos y todas las demás sugerencias de la mejor forma para darme la mayor oportunidad posible de aliviar esta compulsión que había sufrido durante tanto tiempo.

El eslogan "Hazlo con calma" cuadra a la perfección; ¿cuántas veces les había dicho a mis nadadores: "Relájate, tómalo con calma"? La imagen mental de un nadador agitándose tenso en el agua es suficiente para recordarme rápidamente ese "Hazlo con calma".

Con los principiantes, el primer trabajo como instructor es ganarse su confianza. Asimismo, es primordial la confianza en el padrino. A través de la historia del padrino, el "ahijado" se da cuenta que sabe de lo que habla.

El principiante tiene que ver a otros nadando, relajados y disfrutando, para saber que puede hacerlo y desear aprender cómo. ¿No es más o menos de este modo como nosotros, al estar en las reuniones felizmente sobrios, le llevamos el mensaje al principiante? ¿No intentamos mostrarle que se puede lograr y ayudarle a querer cambiar su antigua vida por la nueva?

Muchos han intentado tirar a una persona al agua para que nade. Rara vez funciona, salvo que a la inversa. Se debe inculcar el deseo en la persona antes de que esta pueda manejarse con éxito en el nuevo entorno. Lo mismo ocurre con nuestro programa. Un alumno dispuesto es un alumno apto.

En toda la natación de la Cruz Roja se utiliza lo que se llama el "sistema de compañeros". Cada nadador, incluso los avanzados, tiene siempre un compañero cerca. En AA hacemos lo mismo. Lo primero, y más importante, es nuestra confianza en un Poder Superior a nosotros mismos; luego sigue nuestro padrino, nuestra terapia telefónica y nuestras reuniones, donde aprendemos que, nosotros los que antes nos sentíamos tan solos, ya no estamos solos. Estas reuniones nos brindan la oportunidad no solo de disfrutar del profundo sentimiento de compañerismo, sino también de aprender cómo trabajan los demás en el programa. Es como cuando nos sentábamos a la orilla del agua, o en una balsa, a observar a los otros nadadores y aprendíamos de sus ejemplos y de sus errores para mejorar nuestras propias habilidades. Esta es una forma de trabajar nuestro Décimo Paso.

Para nadar con comodidad y seguridad nos vestimos, o desvestimos, según corresponda, y dejamos atrás muchos signos de nuestro antiguo entorno.

Para vivir esta nueva vida que nos ofrece AA —una vida de sobriedad—, descubrimos también que, para sentirnos satisfechos y seguros, debemos eliminar muchos de nuestros viejos obstáculos: las cosas negativas con las que nos acercamos a AA —nuestros miedos, engaños y autocompasión. Por lo tanto, trabajamos el Sexto Paso, cambiando nuestras viejas formas de reaccionar por formas nuevas y positivas. Descubrimos que rara vez podemos hacerlo de inmediato, pero se nos dice que una voluntad sincera de hacerlo es suficiente para encaminarnos en la dirección correcta. Del mismo modo que nos deshacemos de nuestro viejo atuendo, prenda por prenda, así también nos iremos deshaciendo, poco a poco, de nuestros viejos y agobiantes pensamientos, sustituyéndolos por los simples principios de los Doce Pasos de AA.

Se nos dice que entreguemos nuestras vidas y nuestras voluntades a un Poder Superior.

Nuevamente, para empezar basta con estar dispuesto a hacerlo. Qué simple me resultó comprenderlo cuando lo comparé con confiar en la flotabilidad del agua, una fuerza que siempre está ahí, dispuesta para nosotros simplemente a través de nuestra aceptación, al relajarnos en ella, sin esforzarnos por ella, sin buscarla. Sencillamente, estando dispuestos a aceptarla; una fuerza que siempre es suficiente para nuestras necesidades, que nunca cambia independientemente de la profundidad a la que nos encontremos, ni de si hay tormenta o calma. Todo lo que debemos hacer es estar dispuestos a confiar en ella y así aprender a usarla, o viceversa. El uso de este poder desarrolla nuestra fe en él y, a través del uso constante, nuestra fe aumenta.

Aprendemos a nadar con confianza en el agua, sin luchar contra ella, relajados y calmados, brazada a brazada. Pero llega un momento en que nuestras fuerzas flaquean y nos cansamos; ¿no nos detenemos de vez en cuando para darnos la vuelta y flotar? Este es nuestro momento para la oración y la meditación, nuestro Undécimo Paso. Nos relajamos en este poder superior a nosotros mismos y, de este modo, alcanzamos fuerzas y comprensión renovadas.

No podemos nadar ni flotar bien si nos sentimos tensos y temerosos. Cuanto más nos relajamos y aceptamos, más flotamos. Aprendemos que el miedo es falta de fe y, mediante el Tercer Paso, aprendemos a soltar todo lo que queremos y todo lo que no queremos, a "soltar y dejar a Dios", y nuestra fe aumenta a medida que aprendemos a rezar.

Luego de un día de enseñanza, solía dejar la orilla del agua sin pensar jamás en aplicar estos principios a mi vida cotidiana. Ahora, a través de AA, estoy aprendiendo a tratar de vivir como sugiere el Paso Doce, aplicando estos principios a cada momento de mi vida lo mejor que puedo, viviendo un día a la vez. Las recompensas en cuanto a la satisfacción, la paz mental, la salud y la felicidad han superado mis expectativas más descabelladas.

Y hoy estoy sobrio, que es lo único que importa, y por lo que estoy profundamente agradecido.

J.J
Buffalo, New York

De nuevo en el asiento
Febrero de 1989

M añana de invierno: el aire se asemeja a un cristal, transparente, frío y frágil. Parezco flotar sobre la tierra, apoyado en mi asiento. Por el momento, tengo el parque solo para mí; solo hay un corredor solitario en el sendero que está adelante. Se que lo sobrepasaré de inmediato, pero me pasará al subir cuesta arriba. El viejo dilema entre el ser humano y la bicicleta. Hago sonar el claxon y acelero. Puedo sentir como jadea cuando lo paso.

Hay momentos en los que me pregunto cómo he llegado hasta aquí. No esperaba estar aquí hace diez años, ni siquiera hace cinco. Me imaginé que estaría en la cárcel o un hospital.

Llego al final de la pendiente y empiezo a subir con dificultad. Por lo general, hay otras bicicletas que se me adelantan con facilidad, pero hoy estoy solo en el sendero y no temo pasar vergüenza. Solo hace una semana que descubrí que ya podía pedalear hasta la cima de esta colina sin parar. Empiezo a respirar con la boca abierta, me cae sudor en los ojos. Siempre me asombran los jóvenes que pueden mantener una conversación normal mientras suben este desnivel.

En ocasiones, las conversaciones que escucho son divertidísimas. Una pareja joven me pasa en dirección contraria a 30 kilómetros por hora. La mujer regaña a su novio: "¡De repente empiezas a hablar de bocadillos de pollo! ¡No lo puedo creer!" (Me pregunto a qué venía eso).

Al llegar a la cima de la colina, los músculos de mis muslos están agonizando. Sin embargo, una vez más todo merece la pena: la cima, la bajada larga que se extiende ante mí. Sin detenerme, me lanzo.

La tierra coge velocidad y pasa como un rayo. No existe otro sonido que el viento en mi cara. En ocasiones, me imagino que soy un pájaro que surca el océano en el aire.

Una bicicleta es sencilla y elegante, como un pájaro. Andar en bicicleta es una forma de meditación; lo considero parte de mi Paso Once.

Existen tres reglas secretas para andar en bicicleta, que no encontrará en ningún libro de ciclismo. Estas son:

Hazlo con calma.

Un día a la vez.

Sigue viniendo.

Deslizándome así sobre la tierra, de repente me doy cuenta de cómo aquellos mecánicos de bicicletas, los hermanos Wright, se inspiraron para volar. Otra colina: mis músculos deben trabajar nuevamente. Sin embargo, escalar es como otro aspecto del vuelo: el águila o el cuervo se abren camino en el cielo hasta la cima antes de poder relajarse y remontar el vuelo.

No hace mucho que tengo esta máquina. Recuerdo un domingo por la mañana, cuando estaba en la ladera de una colina observando a un ciclista solitario y pensé: ¡Voy a comprarme una bicicleta! Mi siguiente pensamiento fue: ¿Por qué no me había comprado una antes? He deseado tener una bicicleta desde que tengo uso de razón.

Por supuesto, la respuesta a mi pregunta surgió de inmediato: Tonto. Este mes se cumple un año que dejaste de fumar. Hubiera sido estúpido tener una bicicleta cuando fumabas tres paquetes al día. ¿Y por qué tardaste tanto en dejar de fumar? Porque solo hace unos tres años que dejaste de beber. Antes de eso, le dedicaste más de 20 años de tu vida a la intensa y devota búsqueda de la bebida. Por eso nunca has tenido una bicicleta. ¡Pero ahora puedes! (No logré la sobriedad tan pronto como debía. Pero deje de beber tan pronto como pude).

Se me ocurre una idea: Escribiré un artículo para el Grapevine sobre mi bicicleta. Lo titularé algo así como "De la banqueta de bar al asiento de bicicleta". ¡Nah! ¿A quién le importaría?

La cima de la colina —un tramo corto y llano. Observo en el cielo hacia el este un halcón de cola roja que de repente se lanza en picada. Me identifico. El halcón cumplió la voluntad de Dios; su poder para remontar vuelo hacia el cielo solo procede de él. ¿De dónde saqué el poder para salir de mi última borrachera y subir esta colina? No vino de mí. La única diferencia es que el halcón no necesita rezar. Ya lo sabe. ("Esta bien, Dios. Solo súbeme estos últimos 50 pies. Por favor.)

Por último, el gran final de mi viaje de esta mañana: sobre la cresta de esta última colina, una caída en picada que desafía a la muerte (bueno, casi) de unos 400 pies, luego una costa gentil de regreso a donde empecé.

Esa caída final es como la de un halcón en picada —la ráfaga de viento y el zumbido de los rayos de la rueda. Debo de alcanzar los 56 kilómetros por hora; solo toma unos segundos tocar fondo. Por fin, he entregado mi vida y mi voluntad. Caigo tan rápido que dudo que pueda detenerme si quisiera. ¿Tengo miedo? No, solo terror. Y sin embargo, de alguna manera, vuelvo a la tierra a salvo una vez más.

Hubo un tiempo, no muy lejano, en que la frase "ir cuesta abajo rápido" habría tenido un significado totalmente diferente.

Cuando regreso a mi departamento, me siento eufórico. "Nacido en el asiento", decidí. No, no es verdad. Nací en una banqueta de bar. Y pasé de uno a otro sin ningún esfuerzo de mi parte.

Suena el teléfono. Es mi amiga Carol que quiere saber unir a una reunión esta noche. "¿Qué tal estuvo el paseo en bicicleta?", me pregunta. "Fácil", le respondí.

B.B.
San Francisco, California

Recorriendo el sendero del destino feliz
(Extracto)
Exclusivo en línea
Diciembre de 2011

Al igual que tantos otros alcohólicos a los que he escuchado hablar a lo largo de los años, yo estaba seguro de que no habría alegría en mi vida sin alcohol. Tenía 35 años y literalmente me estaba muriendo de alcoholismo. Me resigné al hecho de que mi vida podía haber terminado. Me uní al grupo de los malhumorados en AA y me convertí en uno de esos miembros miserables que "simplemente no beben", sin comprender del todo la necesidad de trabajar los Pasos, formar parte de la comunidad y servir.

En algún momento durante mis primeros 30 días en el programa, estuve asistiendo a una reunión de oración y meditación cerca de la playa, donde encontré un folleto de los "Sunset Beach Trudgers".

Se trataba de un grupo de mochileros sobrios que hacían excursiones mensuales a espacios naturales y se reunían los sábados por la noche en el bosque. Siempre me había gustado acampar y estar en comunión con la naturaleza, pero mi condición física en aquel momento era terrible y sabía que de ninguna manera sería capaz de subir una montaña cargando una mochila en aquel estado. Aparté de mi mente a los Trudgers y continué mi viaje durante más de un año, manteniéndome sobrio día tras día, sin demasiada diversión.

Cuando cumplí un año, decidí dejar de fumar y ponerme en forma. Este fue más bien un intento de encontrar una novia que otra cosa, pero mis motivos nunca estuvieron en el lugar correcto. Un miércoles por la noche, en mi reunión habitual, vino un hombre al que nunca antes había visto y anunció que había un gran grupo de alcohólicos que hacían viajes de mochilero una vez al mes. Me dio un folleto y era el mismo que había visto cuando apenas empezaba a estar sobrio. ¡Esta vez estaba listo!

Hice algunas llamadas, pedí prestado equipo para acampar y me fui de excursión por primera vez en septiembre de 1993. Era la excursión anual al monte San Jacinto, en la que se sube a la montaña en el tranvía de Palm Springs y, luego, se recorren tres kilómetros más a pie hasta el campamento. Aproximadamente a mitad de camino me di cuenta de que no era tan atlético como pensaba. Estaba cansado y asustado y pensé que, después de todo, quizás no era una buena idea. Me detuve a descansar un momento y a beber agua cuando sucedió.

Respiré hondo varias veces y observé a mi alrededor. Había una pradera no muy lejos y me di cuenta de que un ciervo me observaba. Fue como si Dios me hubiera dado con un palo en la cabeza. Estaba en su patio trasero y era imponente. Supongo que lo que sentí en ese momento fue lo más parecido a un despertar espiritual que jamás había conocido. Mi miedo desapareció. Me animé y continué por el sendero donde encontré al grupo de alcohólicos sobrios que pronto se convertirían en mis mejores amigos.

Dennis D.
La Palma, California

Un lugar sereno a las cinco de la mañana
Septiembre de 1980

A partir de los 45 años, se considera que las personas están en la madurez. Llevaba seis años de sobriedad en AA y comenzaba a sentirme de mediana edad, si bien la gente me decía que parecía más joven.

Creía que había madurado mentalmente. Con la ayuda de los Pasos y de un terapeuta, había podido establecer un mejor contacto con mis sentimientos y defectos de carácter. Espiritual y físicamente, sin embargo, parecía estar estancado. Sentía que mi energía estaba agotada y me faltaba el contacto consciente con un Poder Superior. Intentaba practicar el Paso Once, pero me sentía frustrado.

Unos amigos míos que estaban en el programa me habían hablado de los beneficios que obtenían al trotar, un deporte que se había vuelto popular. Siendo un alcohólico testarudo, pensé que para ellos estaba bien, pero no para mí. Además, en primavera y verano tengo mucho trabajo y no podría incluir ese deporte en mi vida.

Pero hice un inventario de mi estado físico en el pasado y volví a comprobar que me sentía más saludable física, mental y espiritualmente cuando mi cuerpo estaba activo.

Así que un día de mayo, de la nada, sentí el deseo de empezar a trotar. Soy superintendente de un campo de golf y mantengo más de cien acres de césped verde donde puedo correr a mis anchas, sin que nadie me vea ni se ría, excepto los pájaros y las ardillas.

Empecé mi nuevo deporte con un afán y una determinación que no había tenido en años. El primer día fue emocionante, para decirlo de algún modo. Llovía, con truenos y relámpagos para agregarle un poco de condimento a mi jornada. Pensé que me rendiría tras los primeros cien metros, pero recuperé el aliento y seguí adelante. Creo que troté aproximadamente un kilómetro y medio, y no podía creer la alegría que sentía por este logro. La gratitud empezó a llenar mi corazón y mi alma. Solo supe que mi Poder Superior me ayudó a superar esa milla, porque estaba muy fuera de forma.

Al cabo de una semana, mis ojos se abrieron al hecho de que, efectivamente, se trataba de mi Poder Superior mostrándome cuál era su voluntad para mí. No solo quería que me mantuviera alejado de un trago al día, sino que también quería que mejorara mi mente y mi cuerpo para poder disfrutar de mi sobriedad al máximo. Para mí, esto es el Paso Once en acción. Trotar se ha convertido en una rutina diaria para mí. Mi mente está alerta a muchas cosas, especialmente a la presencia de Dios. Cada entrenamiento termina con una oración y meditación.

No ha sido fácil; sin embargo, de acuerdo con mi experiencia, nada que merezca la pena lo es. Un campo de golf es un lugar muy sereno a las 5 de la mañana. Hoy aprecio los frutos de mi esfuerzo. Y sí. El césped parece mucho más verde.

B. F.
Connecticut

Hundirse o nadar
Exclusivo en línea
Diciembre de 2016

Llegué a las salas de AA con grandes reservas. Realmente, el único conocimiento práctico que tenía sobre Alcohólicos Anónimos era que los alcohólicos no podían volver a beber, y no estaba convencido de si esto era lo que quería. Lo que sí quería era que se terminaran las consecuencias de la bebida: los miniataques de nervios, el insomnio, la increíble pérdida de tiempo (durante los largos inviernos de Indiana, había momentos en los que no sabía si era de día o de noche) y los inconsolables episodios de llanto.

Aun así, dejar de beber no me atraía demasiado realmente. Mis tendencias alcohólicas han estado presentes durante gran parte de mi vida adulta. Si bien experimenté con el alcohol al principio de mi adolescencia, fui atleta en la escuela secundaria y en la universidad y me enfoqué en esos compromisos. Como era un adolescente físicamente muy activo, busqué la actividad física después de graduarme de la universidad y me involucré mucho en el deporte, en las ligas comunitarias de sóftbol (algunos las llaman "liga cervecera", ¡por supuesto!), corría de forma competitiva en la comunidad (y, finalmente, a nivel nacional), participaba en carreras (muchas de estas patrocinadas por distribuidores de cerveza).

No dejé de beber cuando ingresé por primera vez a la sala de AA un día de enero —sucedió el 6 de enero, para la fiesta de la Epifanía—, pero se podría decir que bebía con mucha precaución. Me había visto envuelto en una borrachera de varias semanas durante las fiestas y realmente no sabía cómo, o si podría salir de esta. Mi pareja temía que no pudiera volver a trabajar después de las vacaciones de Navidad. A principios de enero, tras una serie de días de borrachera, me sumí en una profunda tristeza y en un estado de temor irracional. Mi pareja nunca supo muy bien qué hacer conmigo o por mí cuando llegaba a este punto; sin embargo, afortunadamente llamó a una amiga que conocía bastante bien la adicción y la recuperación y era miembro activo de Al-Anon.

Me recomendó firmemente que no dejara el alcohol de repente, sin ayuda médica o gradualmente, y sentí un gran alivio: ¡Gracias a Dios todavía puedo beber! En mis primeros días de contemplar la aceptación de esta enfermedad, era un desastre, tembloroso y con náuseas. Asistía religiosamente a las reuniones, escuchaba atentamente, leía con voracidad, pero poco a poco bebía más y más. Con la ayuda de mi enfermedad, arrojé la cautela por el aire luego de dos meses de estar en la comunidad de AA. Un sábado de primavera me levanté temprano con la intención de invertir todo el día en arreglar y limpiar la casa. Salí a comprar algunas cosas poco después del amanecer y, en menos de 15 minutos, estaba preparándome una bebida en la taza de café de una gasolinera.

Ese día, me encontré luchando ferozmente contra la bebida, tirándola al fregadero en un momento y volviendo a la licorería al siguiente. Sé que quería que "terminara", pero el alcohol me dominaba. Por fin, tenía pruebas abrumadoras de mi absoluta impotencia. Tres temblorosos días después, por fin me rendí, y esta vez no tenía reservas sobre la gravedad de mi estado. La mañana en que finalmente decidí recibir una moneda por 24 horas de sobriedad, llevaba diez días sobrio y nunca me sentí tan aliviado en toda mi vida. Ya no tenía que vivir con el Rey Alcohol, y no tenía que hacer nada relacionado con este asunto de la recuperación solo.

Mi recuperación actual se basa en un sólido esfuerzo diario de lecturas, reuniones y oración. He encontrado muchas analogías en mi recuperación —cómo algunas situaciones de la vida real imitan el proceso de trabajar los Pasos y trabajar en la recuperación. Mi favorita es una que compartiré a continuación con mi familia de AA. He sido un corredor competitivo la mayor parte de mi vida adulta y durante esos años de entrenamiento (corriendo distancias y entrenando en velocidad y con pesas) me he enfocado bastante en perfeccionar los músculos de la parte inferior de mi cuerpo. Luego de sufrir algunas lesiones en las piernas, empecé a buscar otras actividades. Nunca he sido un gran nadador, pero esa actividad era fácil para mi cuerpo y me proporcionaba una gran sensación de desafío, ya que no era un nadador muy hábil. Recuerdo que me metía en la piscina para entrenar y, por supuesto, usaba el único grupo de músculos que sabía cómo ejercitar eficazmente: las piernas. Entrenamiento tras entrenamiento, me abría camino pataleando; salía de la piscina absolutamente agotado y muy decepcionado por mi falta de capacidad para completar cualquier distancia de natación que me diera una sensación de logro.

Lleno de frustración, pedí ayuda a un nadador experto, que me indicó inmediatamente que estaba usando el grupo de músculos equivocado. Si seguía usando los músculos de las piernas como método principal para moverme durante el entrenamiento, seguiría agotado y decepcionado con mis progresos. Me sugirió que relajara el cuerpo en el agua y dejara que flote sin movimientos excesivos. Usar la parte superior del cuerpo (brazadas) en un movimiento fluido y rítmico, y emplear las piernas solo para unas pocas pataleadas en cada largo de la piscina.

¿Qué? ¿Cambiar la forma de enfocar mi entrenamiento? ¿Usar un "nuevo" grupo de músculos? Y sin embargo... ¡funcionó! Comencé a desarrollar la parte superior de mi cuerpo a través de múltiples y constantes entrenamientos de natación, y ahora nado muchos días a la semana.

Así que, por supuesto, esto funciona perfectamente como analogía de mi recuperación. Cuando empecé el programa, tenía muchas ganas de lograr ciertos resultados positivos de recuperación, así que usé mis "músculos habituales". Ya saben: mi voluntad propia, mi juicio inmediato acerca del camino de recuperación de los demás, mi búsqueda de conocimiento motivado por el ego. La mayoría de las veces me encontraba exhausto, intentando controlarme a mí mismo y a los demás, cuestionando los motivos y los caminos de recuperación de los demás, intentando adaptar las sugerencias a mi gusto, a mi zona de confort.

Sin embargo, durante un entrenamiento de natación, tuve la epifanía de que necesitaba desarrollar un grupo de músculos espirituales que muchos de mis amigos de la comunidad usaban con gran éxito —se llaman oración y meditación. Si ejercito mis músculos espirituales a diario, los mantengo fuertes y preparados para responder, lo más probable es que cuando encuentre que verdaderamente los necesito, pueda activarlos para controlar cualquier dificultad o desafío al que me enfrente. Ya no veo mi camino de recuperación como un entrenamiento difícil y agotador, sino que, gracias a mis continuos esfuerzos por mantenerme espiritualmente en forma, soy capaz de dar un paso al frente, hacerme presente y obrar de forma correcta. Cuando me enfrento a la opción de hundirme o nadar, ¡elijo nadar!

Kim H.
Muncie, Indiana

Viaje espiritual en dos ruedas
Noviembre de 2012

Después de un desayuno saludable, mi herramienta favorita para el Paso Once es la bicicleta y un paseo de media hora antes del trabajo. Particularmente, me gusta un tramo a lo largo del río detrás de la escuela secundaria donde ocasionalmente veo ciervos, halcones, patos y gansos. En raras oportunidades, como dos veces el verano pasado, tuve la suerte de observar un águila calva, y ambas fueron experiencias increíbles. Siempre veo el comienzo de un nuevo día con la salida del sol cuando me voy hacia el este. Intento compartir la alegría del viaje saludando a los corredores y caminantes que encuentro. También intento practicar un poco de humildad recogiendo latas y basura. Cuando estoy realmente conectado espiritualmente, no me preocupa el origen de la basura, sino que simplemente la acepto y la recojo. Creo que la bicicleta me ayuda a mantenerme más cerca de mi Poder Superior. Puedo pensar en mis lecturas diarias, rezar, meditar, sentir gratitud y prepararme para el día siguiente.

Le agradezco a AA, porque esta forma de vida de hecho supera la culpa, la vergüenza y las resacas de las mañanas de mi carrera de bebedor.

Anónimo.
Mason City, Iowa

Patinando por la vida
Septiembre de 2005

Es una perfecta tarde de verano un sábado en el centro de Sacramento. El anhelo de andar en mi patineta y volver a lo que antes era todo para mí, me arrastra hacia el almacén transformado, que es el santuario para patinar más cercano desde mi habitación en el centro de rehabilitación de la calle 23 hasta el final de la calle B, al otro lado de las vías del tren. Distraídamente, mientras patino me reajusto la correa del casco pensando en los trucos que voy a intentar.

La luz de las primeras horas de la tarde se cuela entre las hojas y el viento me refresca el sudor de la nuca cuando me acerco a las vías del tren. Se me erizan los vellos del brazo al darme cuenta de que ya estoy poniendo expectativas en mi sesión solo con imaginar lo que quiero que ocurra. Realmente detesto esa palabra: expectativas. Alcohólicos Anónimos —comunidad a la que pertenezco desde hace seis meses, y sigo contando— sugiere vivir sin expectativas, ya que estas arruinan todo: las relaciones, las sesiones, las vidas e, incluso, las tardes perfectas de verano en Sacramento.

Hmmm. No quiero arruinar mi sesión antes de llegar, así que tengo que dejar de lado esas expectativas. Tengo que dejárselas al Gran Kahuna del cielo. Solo tengo que dejar que fluya, divertirme, relajarme y observar, porque siempre se revelará algo más.

Cuando llego al final del camino tosco y entro en esa especie de bostezo cavernoso del viejo almacén que es la catedral del patín, me siento perplejo. Desde mi última visita, ha aparecido una rampa milagrosa. Seis pies de alto por 24 pies de ancho, extensiones de siete pies y remates de acero hacen de la rampa una atractiva tentación. Compruebo el ajuste de la correa de mi casco y salto. El movimiento genera un sonido parecido al de una aspiradora gigante en cámara lenta. ¡Fffffffffffff! ¡Fffffffffffff, en cada pasada!

Al salir, pierdo el equilibrio y me golpeó la cabeza contra la rampa. Tendido de plano, me zumba la cabeza mientras pequeñas chispas de luz parpadean en mi visión periférica como en una experiencia psicodélica provocada por consumo de LSD.

Subo corriendo el empinado camino de ocho pies, me posiciono y vuelvo a intentarlo mientras me sacudo el impacto del primer golpe. Aumento lentamente la velocidad y entonces, armándome con toda la voluntad que puedo reunir, me posiciono, salgo del borde, me agarro al borde exterior de la tabla y me sujeto porque de ello depende mi vida. Me sujeto durante mucho tiempo. Me sujeto aunque no me siento bien. En retribución por mi terquedad y la ignorancia de mi intuición, me vuelvo a golpear con fuerza. Me zumba la cabeza. Veo estrellas. Tengo los codos adoloridos, magullados e hinchados.

Esto es una locura, pienso, mientras me incorporo dolorosamente desde la posición boca arriba. Tengo que dar un paso atrás y reevaluar mi enfoque porque mi método no funciona.

Mi voluntad me llevó a AA, así que ¿por qué debería intentar imponerla aquí? Revolcándome en la autocompasión y viendo a los otros patinadores disfrutar de su sesión, me viene a la mente la definición de locura que se escucha en las salas de AA. Dicen que la locura es hacer lo mismo una y otra vez, esperando resultados diferentes. Supongo que tengo que hacer algo diferente.

La luz del atardecer y la brisa proveniente del delta nos envuelven serenamente y atraviesan el parque. Miro la gigantesca estructura en "U" que tengo delante de mí. Una oración podría liberarme de la esclavitud del miedo y del egoísmo. Se me viene a la mente esta propuesta, como si fuera providencial. El recuerdo de todas esas oraciones de trinchera que recé durante mis años de borrachera, desenfreno y autoindulgencia me hace dudar. Esta oración tiene que ser diferente. Pedirle a Dios que me ayude a lograr este truco es lo mismo que todas esas oraciones egoístas del tipo 911 que había elevado cuando andaba por ahí. Me siento un minuto, disfrutando de la brisa mientras reflexiono.

¿Cuál es mi papel en toda esta obstinación desbocada? ¿Cómo es que el miedo ha llegado a controlar mis pensamientos? En lugar de intentar someterme a la voluntad del Gran Kahuna, me doy cuenta de que estoy tratando de imponer la mía. Tiene que ser su voluntad, no la mía. Si no puedo rezar por lo que tengo, tengo que rezar para que el Gran K del cielo me quite el miedo. Aceptar que está ahí es el primer paso hacia la liberación. ¡Por supuesto! ¡La Oración de la Serenidad! Cierro los ojos y la digo en voz alta.

"Oh, Gran Kahuna del cielo, concédeme la serenidad para aceptar las cosas que no puedo cambiar, el valor para cambiar las cosas que puedo cambiar y la sabiduría para reconocer la diferencia".

Al abrir los ojos, veo a otro patinador en el piso opuesto de la rampa que me sonríe. Le devuelvo la sonrisa.

Respira, relájate, confía en el proceso, me digo, antes de lanzarme. Tengo que ubicar el pie delantero justo detrás de los pernos delanteros, ubicar el pie trasero para despegar la cola del labio de la tabla, adquirir una buena velocidad, preparar la mano izquierda para agarrar el borde exterior de mi tabla mientras estoy en el aire durante una fracción de segundo y, luego, soltarla. Es el último paso, soltar la tabla en el aire; eso requiere de fe. Si hago el trabajo de pies adecuado, los pasos antes enumerados, como lo hago en Alcohólicos Anónimos con los Doce Pasos de la recuperación, y tengo suficiente velocidad, todo lo que necesitaría para volver a la rampa sería la creencia, la fe, de que es posible. Tengo que relajarme por completo y confiar en el proceso, al igual que hago en AA.

El instinto y la lógica me dicen que lo deje a la suerte cuando llegue al punto pico en el aire. Me gritan: "¡No puedes volar así por el aire! ¿Qué pasa con la gravedad?". Va contra toda intuición y lógica, por eso sé que espiritualmente es lo correcto. Si solo tengo un dólar en el bolsillo y estoy en una reunión, la lógica me dice que me lo guarde para más tarde. Si se lo doy a AA y tengo fe en el proceso, me lo devolverá de una forma que ni siquiera puedo imaginar.

La espiritualidad no se basa en la lógica, sino en la fe. La fe hace posible lo imposible. La fe me ha permitido mantenerme limpio y sobrio durante seis meses. Volar por el aire en mi patineta es una prueba de fe que me libra de la esclavitud propia, me ayuda a enfrentarme al miedo y me aleja de mi mente demasiado analítica y lógica.

Respiro profundo una vez más antes de posicionarme. ¡Ffffffffffff! ¡Ffffffffffff! Rodando hacia atrás para pararme de punta en la pared opuesta, posiciono mis pies. Dejándome caer hacia atrás, adquiero velocidad al agacharme. Ahora piso la cola para despegar la punta hacia arriba y sobre la barandilla, y vuelo. Agarrándome al borde exterior de mi tabla, llego a la cima. Ahora es el momento de la verdad. Hasta aquí, he hecho todo lo que pude. Tengo que dejarme llevar y confiar en el proceso: valor en lugar de miedo. Momentáneamente, floto. Después, escucho el sonido más hermoso del mundo: las cuatro ruedas de mi patineta tocan la superficie lisa de la rampa al mismo tiempo. Es un sonido de seguridad en uno mismo, tan satisfactorio, limpio y real. Subo rodando la otra pared de la rampa, sonriente.

Al final, el otro patinador me pregunta: "¿Estabas rezando antes de caer?".

"Sí. Estaba rezando", le respondí. "Me recuerda por qué empecé a patinar".

"Genial".

Baxter J.
Sacramento, California

CAPÍTULO CUATRO

La Oración de la Serenidad

Cómo conectarse y orar utilizando esta especial oración

C ualquier artesano puede explicar que para hacer bien un trabajo es necesario utilizar las herramientas adecuadas. Desde hace décadas para muchos alcohólicos de AA, la herramienta a la que se recurre con frecuencia para restaurar el equilibrio emocional ha sido la Oración de la Serenidad. "Cuanto más la digo, más la leo, más la escucho —más profundamente siento su eficacia", escribe L. T. en la historia que da inicio a este capítulo, "Estas veintiocho palabras".

La gracia sencilla y la lógica simple de esta oración han ayudado a los alcohólicos a superar los desafíos de la vida cotidiana desde que el cofundador de AA, Bill W., y los pioneros de AA, la descubrieron por primera vez en un obituario de un periódico. "Nunca habíamos visto tanto de AA en tan pocas palabras", escribió Bill en el libro AA Llega a su Mayoría de Edad. Con frecuencia atribuida al Rev. Reinhold Niebuhr, del Seminario Teológico de la Unión, Bill señaló: "Contamos con su escritor entre nuestros grandes benefactores".

Los AA han llegado a usar la oración de muchas formas diferentes — tanto directa como indirectamente. Carl B., en la historia Mi mantra se imaginaba que era como contar hasta 10: "desaceleraba mi cerebro y mi boca antes de que la ira aumentara o la depresión me absorbiera", como una especie de válvula de seguridad que baja la temperatura emocional. El escritor B. C., en el artículo "Una respuesta sin una oración", experimentó el poder de la Oración de la Serenidad de forma más indirecta solo por el hecho de rezarla junto con otras personas al finalizar las reuniones de AA, por más que lo hiciera a regañadientes. El autor escribe que "su creencia (la de los AA) era más poderosa que mi incredulidad. Esa experiencia se convirtió, para mí, en el umbral al Segundo y Tercer Paso, y desde entonces, mi sobriedad y serenidad han continuado mejorando".

Estas veintiocho palabras
Abril de 1979

La Oración de la Serenidad siempre ha desempeñado un papel importante en mi proceso de recuperación, pero solo últimamente he reconocido el verdadero valor de estas 28 palabras. Cuanto más la digo, más la leo, más la escucho, —más profundamente siento su eficacia en lo que se refiere al manejo de mis experiencias de vida de un día a la vez.

Si me niego a aceptar lo que no tengo el poder de cambiar, estoy negando la oportunidad que Dios me da de hacerlo. Él siempre me concede la serenidad que va unida a la aceptación de lo que soy incapaz de cambiar. Sin embargo, la pregunta clave que debo hacerme es: ¿Estoy dispuesto a aceptar esta serenidad que Él tan amablemente me ofrece? Debo recordármelo cada vez que creo haber aceptado algo y luego descubro que mi serenidad es nula.

Si estoy intentando sinceramente vivir de acuerdo con la guía de nuestros principios de AA, reconoceré que he elegido no aceptar lo que no se puede cambiar, sino solo tolerarlo. Tolerar meramente una situación o los defectos de una persona significa conformarse con algo a medias. Y ahí está la razón de mi falta de serenidad.

En cuanto a la segunda parte de la oración, el "valor para cambiar" determinadas circunstancias provienen de la fuerza interior —de mi abundante fuente de suministro con el que mi Poder Superior me alimenta constantemente. Pero debo elegir recurrir a esta fuerza. Siempre está allí; solo tengo que estar dispuesto a usarla.

La tercera parte, la "sabiduría para reconocer la diferencia", es la clave divina para la aceptación y el valor. Para mí, esta sabiduría se revela a través de la práctica de nuestro Undécimo Paso, "Buscamos a través de la oración y la meditación mejorar nuestro contacto consciente con Dios como nosotros lo concebimos, pidiéndole solamente que nos dejase conocer Su voluntad para con nosotros y nos diese la fortaleza para cumplirla".

Dado que este es un programa honesto, debo admitir que muchas veces me quedo corto al aplicar esta interpretación de la Oración de la Sereni-

dad. Me doy cuenta de que todavía estoy creciendo emocional y espiritualmente. Luego de varios años de sobriedad a través de la gracia de Dios y de
AA, apenas estoy comenzando a reconocer el poder de Dios dentro de mí.

Pero, simplemente al expresar mi concepto personal de esta oración
tradicional y significativa, puedo ver con mayor claridad dónde estoy
hoy y dónde estaba ayer. El mañana aún está por venir, pero si Dios
me concede otro día, entonces la esperanza, el valor y la fuerza a través
de la aplicación de los Doce Pasos y la Oración de la Serenidad, serán
suficientes para satisfacer cada una de mis necesidades. Así lo creo.

L. T.
St. Petersburg, Florida

Larry Hula-Hula y la Oración de la Serenidad
Exclusivo en línea
Enero de 2020

Te resulta divertido y entrañable que en nuestro programa no
nos preocupemos por saber el apellido de los demás, pero sí
que con frecuencia usemos descriptores para distinguir a los
Bobs, los Bills y los Daves.

La Oración de la Serenidad me ha acechado durante casi 60 años. Estaba colgada en casa de mi tía y era motivo de una silenciosa frustración
para mí cuando tenía 10 años. La leía y pensaba: Dios concédeme la serenidad para aceptar las cosas que no puedo cambiar, el valor para cambiar
las cosas que puedo cambiar y la sabiduría para reconocer la diferencia.

Esto es un acertijo: ¿quién me va a explicar cómo diferenciar estas
dos ideas? Por supuesto, nunca tuve el valor de preguntárselo a nadie.

De todos modos, yo estaba recientemente en un evento donde conocí a mi tercer Larry. Durante el fin de semana, compartió acerca de un
hula-hula y proporcionó un poco de claridad que me parecía necesaria.
Le pregunté si le parecía bien que lo llamara "Larry Hula-Hula", ya que
no sabía su apellido. Me aseguró que no había problema.

Nuestro tema durante la reunión fue la serenidad y la Oración de la Serenidad. Muchos compartieron que era más bien difícil de alcanzar que accesible, y yo me sentí identificada. Algunos hablaron de la oración, la meditación, las lecturas diarias, etcétera. Larry habló acerca de cómo su serenidad era directamente proporcional al cuidado de sí mismo. Describió su límite como del tamaño de un aro de hula-hula si estuviese de pie en el medio del círculo. Dijo: "Todo el territorio dentro del hula-hula es de mi incumbencia, es mi asunto y está dentro de mi poder para cambiarlo; todo lo que está fuera no es de mi incumbencia y está fuera de mi control".

Eso me facilita mucho visualizar cómo entender la diferencia entre:

- las cosas que no puedo cambiar (fuera del hula-hula);

- las cosas que puedo cambiar (mis pensamientos, sentimientos, creencias y acciones dentro del hula-hula) y

- la sabiduría para reconocer la diferencia (el hula-hula y la conexión con un Poder Superior).

Mi madrina dice que cuidar de nosotros mismos es un trabajo de tiempo completo, que quizá estemos haciendo por primera vez en nuestra vida. Hoy sé que soy responsable de mantener esa conexión con mi Poder Superior de forma real, consistente y posible. Soy yo quien se aleja cuando la conexión se rompe. Gracias a esta conexión puedo aprender a amarme a mí misma, a hacer lo que sea correcto, a ver lo mejor de las personas y a aceptar la vida según sus propios términos. Todo ello dentro del pequeño círculo de un hula-hula de plástico rojo (el mío sería rojo, por supuesto).

Esto me demuestra, sin lugar a dudas, que aprendo visualmente. Recientemente, me enteré de que Larry Hula-Hula había fallecido, que se había unido a su esposa Joan. Gracias a Dios por los hula-hulas y por los dones de personas como Larry, que comparten su sabiduría en las reuniones.

Gracias a todos por mi sobriedad.

Becky P.

Un ajuste de actitud
Noviembre de 1997

❝ Recordemos siempre que la meditación es en realidad intensamente práctica". —*Doce Pasos y Doce Tradiciones* — Si me hubieran ordenado rezar y meditar, y luego esperar el tiempo que hiciera falta para ver algún resultado, no sería probable que aún continuara haciéndolo. Yo no soy así. No estoy necesariamente orientado a los resultados, solo soy desconfiado, impaciente y despreciativo del pensamiento mágico. Necesito ver cierta conexión inmediata entre mis acciones y sus resultados, incluso si en 12 años de sobriedad he llegado a aceptar que los resultados están, casi siempre, fuera de mi alcance.

Por ende, la afirmación acerca de que la meditación y la oración son intensamente prácticas al principio me llamó la atención. Estaba dispuesto a probar algo que no entendía o en lo que no creía por la razón intensamente práctica de que, por mí mismo, no podía dejar de beber. Mi padrino insistía en que la oración y la meditación podían lograr que un Poder Superior a mí colaborara con mis esfuerzos.

Lo intenté, no lo comprendía, no creía en ello. Y funcionó de todos modos: dejé de beber. No fui el único en mi vida que se dio cuenta de este resultado práctico. Mis familiares más cercanos —con los que comparto una buena dosis de arrogancia intelectual e inseguridad emocional— se sintieron aliviados al verme sobrio, e igualmente escépticos de que mi "versión religiosa" durara más que los pocos meses que antes le había dedicado a cualquiera de las otras docenas de fantasías pasajeras.

Doce años más tarde, mi arrogante familia sigue siendo escéptica, pero confía en que este asunto de la oración me mantenga alejado de los problemas. Y yo creo en la oración, aunque sigo sin entenderla. He visto suficientes resultados intensamente prácticos como para que el mismísimo diablo reconsidere sus convicciones. Aun así, me olvido. Esta práctica hace que ocurran cosas extraordinarias en mi vida que, cuando no presto atención, parecen cosas comunes. Precisamente, por su carácter práctico, los resultados de mis oraciones son, en ocasiones, fáciles de pasar por alto o de malinterpretar. Por ello es que necesito recordatorios.

Por ejemplo, ayer en el trabajo. Una pequeña tarea que realicé (fuera del ámbito de mi trabajo) corrigió un error que había cometido mi supervisor. En lugar de un agradecimiento, recibí una reprimenda por escrito por haber cruzado los límites. Después de reflexionar sobre la situación, me disculpé por no haber consultado antes a dicho supervisor, admitiendo que me había equivocado, pero esperando secretamente que me diera las gracias a cambio de haberle ahorrado un problema. No recibí nada. Me advirtieron que no volviera a cruzar el límite. Los compañeros de trabajo sonrieron, sabiendo que el muchacho nuevo — el Sr. Seguroyolaharé— había recibido un revés.

Algo que he aprendido de mis inventarios es que si me dan un resentimiento en el que debo trabajar, mi mente cobra vida propia. Esto puso en marcha los engranajes de mi mente. Sabía que dos cosas funcionarían para apagar el ruido mental: En primer lugar, decirle en voz alta a otro alcohólico sobrio todas las locuras que rondaban en mi mente; en segundo lugar, silenciar las quejas mentales con la oración. La última me pareció una solución práctica dadas las circunstancias. Regresé a trabajar con la Oración de la Serenidad y mi resentimiento hacia mi supervisor haciendo el mismo bullicio en mi mente.

No le prestaba atención al contenido de la Oración de la Serenidad, solo la repetía por la comodidad de su sonido. Sin embargo, en retrospectiva, veo que dejando de lado el vocabulario elegante, se trata de una exigencia incondicional e inflexible. En esta oración no hay ni una humilde consideración acerca de "si es Tu voluntad" o "en Tu propio tiempo". Uno bien podría decir: "¡Oiga, Señor Todo poderoso! ¿Qué tal si me concede algo de serenidad, valor y sabiduría para que pueda hacer algunos cambios aquí abajo? Y no me refiero a mañana".

Desde esta perspectiva, entiendo mejor por qué me aficioné a la oración desde el principio de mi sobriedad. También comprendo por qué mi Poder Superior conserva un lugar especial en su corazón para los alcohólicos, del mismo modo que yo lo hago para los niños pequeños y los animales salvajes.

De regreso al trabajo, unas dos horas más tarde, todavía refunfuñando y malhumorado, giré en una esquina de mi lugar de trabajo y estuve a punto de chocarme con un hombre al que conocía de Alcohólicos Anónimos, pero al que no había visto en tres años.

Los pocos minutos que nos quedaban de trabajo, nos pusimos al día sobre acontecimientos recientes.

Me pude escuchar a mí mismo contándole algunas cosas extraordinariamente afortunadas que habían ocurrido en mi vida estos últimos años. Y no dejé de notar que cuando regresé al trabajo, me sentía mucho mejor y el hormigueo en mi mente se había detenido.

Fui directamente del trabajo a mi grupo semanal de estudio de los Pasos, donde estábamos leyendo el Paso Once. Cuando llegamos al pasaje sobre la meditación y la oración intensamente prácticas, me di cuenta de que había estado demasiado ocupado para darme cuenta.

Me había preocupado por lo que consideraba injusto de la vida. Rezaba una y otra vez la Oración de la Serenidad —básicamente una petición directa a Dios para que me concediera serenidad, valor y sabiduría. Como en todas mis experiencias, Dios no se conectó ni me inyectó lo que yo creía necesitar. En cambio, se me dio la oportunidad de actuar. Sin darme cuenta de lo que estaba haciendo, le conté a un viejo conocido de la comunidad mi lista de agradecimientos, que iba en aumento. Noté que luego de hacerlo me sentí mejor. Probablemente también trabajé mejor.

He visto resultados más rápidos y dramáticos con algunas de mis oraciones, nunca con cosas materiales, pero con frecuencia sí para el espíritu y la actitud que debo tener para estar en contacto con la abundancia y las oportunidades de la vida. Esto me ha resultado muy práctico. Con una mente abierta y un corazón bondadoso, nunca dejo de reconocer que se me ha dado más que suficiente para una vida con sentido, dignidad, libertad, utilidad y esperanza. En la práctica, es una vida inigualable.

Anónimo.
York Harbor, Maine

Los sonidos del silencio
Abril de 2004

Mi grupo base por lo general se paraliza si hay 45 segundos de silencio entre cada compartimiento. Entonces alguien interrumpe ese silencio y dice: "Hablaré yo porque no soporto el silencio". Esto podría ser parte de mi problema con la meditación.

Como alcohólica, estoy acostumbrada a tener varios temas girando en el aire y muchos planes astutos y bulliciosos en mi cabeza. La perspectiva de cualquier tipo de silencio es realmente aterradora.

Lo que hacemos cuando meditamos es acercarnos al silencio. En la oración, tal y como me han enseñado a considerarla, hablo con el Poder Superior y, Dios lo sabe, me siento cómoda con eso.

¿Pero escuchar? No es mi fuerte.

En el Libro Grande se nos anima a buscar nuestros propios métodos para esto. Eso también me asusta, porque cuando no estoy ocupada resistiéndome a todo y a todos, quiero que me ordenen lo que debo hacer.

Al inicio de mi sobriedad, mi primera ahijada me dijo que no tenía ni idea sobre cómo meditar, y que sentarse quieta solo hacía que su "comité" se volviera más bullicioso.

Milagrosamente, cuando abrí la boca para responderle, alguien más habló. Ese alguien citó a un veterano que aconsejaba que dejáramos de lado nuestras antiguas ideas sobre lo que es la meditación e intentáramos encontrar algún lugar que ya existiera en nuestras vidas, donde sintiéramos que la esclavitud del propio ser desaparecía. Mi ahijada sabía exactamente lo que aquello significaba y me contó que, cuando nadaba en la piscina, llegaba un momento en que solo sentía el agua, el movimiento y el sonido. "¡Ahí está! Ve allí", le dije. Ella agregó: "Pero eso es ejercicio, no meditación".

Sí, es meditación. Un poco de investigación me demostró que, históricamente las personas han intentado alcanzar ese estado que ella describía en su práctica de natación de muy diversas maneras. De hecho, el cofundador de AA, Bill W., practicaba una forma de meditación consistente en caminar y respirar para superar su depresión mientras escribía Doce Pasos y Doce Tradiciones.

Años más tarde, otra ahijada me dijo que no podía meditar porque no podía detener su mente. Pero el objetivo de la meditación no es detener la mente, sino observarla, establecer un papel de testigo respecto de ese comentario permanente del miedo obsesionado y egoísta que puede dominar. Creo que cualquier cosa que me ayude a hacer eso es meditación.

Otra sugerencia que me ha ayudado es rezar la Oración de la Serenidad una palabra a la vez, inhalando profundo entre cada una de estas. Esto comienza a obrar maravillas con la primera palabra y la primera respiración: "Dios, aaaaah...". Funciona porque me hace girar en torno al programa en lugar de mis pensamientos obsesionados conmigo misma. La meditación es un cambio de dirección mental, nada más complicado que eso. Comprendo lo del cambio de dirección mental; solía usar ginebra para cambiar mi dirección mental todo el tiempo. Ahora tengo estas formas más fáciles y efectivas.

Al igual que necesitamos el bolígrafo "correcto" para escribir el Cuarto Paso, algunos de nosotros posponemos la meditación porque no encontramos el momento "adecuado" del día o el lugar "propicio". No existe lugar ni momento equivocado para "Dios, aaaaah...", y solo toma un par de segundos. Mejora mi dirección, incluso si me interrumpen luego de decir la primera palabra. Esto corresponde con la indicación que Bill da al final del Tercer Paso en el libro "Doce Pasos y Doce Tradiciones": "En todo momento de trastornos emocionales o indecisiones, podemos hacer una pausa, pedir tranquilidad, y en la quietud decir simplemente: "Dios, concédeme la serenidad...".

La palabra clave aquí para la voluntad de cambiar de dirección mental es "pausa".

Jean C.
Eugene, Oregon

Estimado PS
Noviembre de 2014

Cuando ingresé a AA, oí hablar mucho sobre rezar. Las personas me decían que me arrodillara por la mañana y por la noche y rezara la Oración del Tercer Paso, la Oración del Séptimo Paso, el Padre Nuestro y la Oración de la Serenidad. Me dijeron que rezara sobre esto y aquello, y que los pusiera en mis oraciones, agregando que ellos me pondrían en las suyas. Y, por supuesto, me decían que rezara por aquellos con los que estaba resentido o que me caían mal.

Oí toda esta charla sobre la oración con muy pocos conocimientos prácticos. La única oración que rezaba era la de agradecimiento antes de cenar. Pero, yo también gritaba y maldecía a Dios porque lo culpaba de todos mis problemas. Y no olvidemos todos los desvaríos de borracho mojado y seco que le gritaba a los árboles, las sillas o cualquier objeto que se interponía a mi paso. Estaba llena de miedo, rabia y frustración porque la vida no se ajustaba a mis términos. Pero ya no podía beber ni gritar para ahuyentar esos sentimientos.

Tuve un comienzo inestable con un nuevo Poder Superior y con el Segundo Paso. Tuve que desechar mi antiguo Poder Superior castigador. Tuve que reemplazarlo por uno amoroso y tolerante. Aún no creía que yo le importara a mi nuevo PS. Entonces me dijeron que "creyera que yo creía".

Cuando pasé al Tercer Paso, llegó el momento de arrodillarme. Allí estaba yo, de rodillas y con los codos sobre la cama rezando la oración del Tercer Paso. Realmente me sentí raro durante un mes. Al principio eran solo palabras; sin embargo, continué diciendo la oración hasta que ya no me pareció raro. Y cuando estaba disgustado o quería beber algo, repetía la Oración de la Serenidad una y otra vez, en ocasiones en voz alta, y a veces solo mentalmente. De alguna manera, parecía ayudarme.

Cuando me sentía en terreno inestable, pedía ayuda a mi PS para poder asistir a las reuniones. Le pedía ayuda cuando pensaba que el mundo se me iba a desplomar encima. Empezaba a creer que mi nuevo PS me amaba y se preocupaba por mí. Entonces, llegó el Quinto Paso;

nunca lo vi venir. Cuando llegó el momento de decirle a Dios mi Cuarto Paso, no sabía lo que pasaba por mi cabeza. Pensé que Dios lo sabía todo, así que no tenía que decírselo. Entonces alguien me dijo por qué decirle a Dios mi Cuarto Paso no debería ser un gran problema. Vaya, eso me pilló autoengañándome. Bueno, hice esa parte del Quinto Paso, por lo que estoy muy agradecido. Al principio pensé que mi nuevo PS me abandonaría cuando le contara lo que había hecho, pero me equivoqué. Pedirle perdón a mi PS fue lo más personal que he hecho en mi vida.

Debo de haber dicho la Oración de la Serenidad un millón de veces antes de darme cuenta de que me estaba diciendo cómo afrontar los problemas en la vida (soy un poco lento). ¿Y qué parte debía cambiar? La única parte que puedo cambiar son mis acciones, así que tuve que rezar para tener el valor de hacerlo.

También pedí ayuda para aceptar a otras personas, lugares y cosas. La parte de la sabiduría llega con el tiempo. El tiempo también me enseñó a buscar una guía en las otras oraciones —lo he hecho. ¡Guau! Qué sabiduría he encontrado en las oraciones. Son pautas que me ayudan a aceptar la vida en sus propios términos.

Llevaba cinco años sobrio cuando regresé a la escuela y trabajé los Pasos y todo el programa lo mejor que pude. Aun así, no tenía un buen trabajo, un buen lugar donde vivir ni esperanza. Había tocado fondo en la sobriedad. Así que me senté y le escribí una carta a mi PS. Abrí mi alma y mi corazón como nunca antes lo había hecho. Mientras las lágrimas caían sobre el papel, seguí escribiendo. Escribí hasta que me quedé vacío, hasta que no me quedó nada dentro. Tomé un sobre, lo dirigí a Dios y lo llevé a un buzón. Al echar la carta al buzón, las lágrimas cayeron de mi rostro y la solté. Después de enviar la carta, mi vida mejoró poco a poco, y mi fe y mi relación con mi PS realmente crecieron. Espero siempre crecer hacia mi PS y aprender más sobre la oración cada día.

Jeff H.
Sturgeon, Missouri

Una respuesta sin una oración
Abril de 1986

Durante mi época de bebedor, principalmente viví según el principio expresado en la cita de Herbert Spencer al final del segundo apéndice del Libro Grande sobre la experiencia espiritual. Por esta razón, sentía una intensa aversión hacia la "religión organizada", con la que comparaba a la espiritualidad, y estaba más o menos convencido de que era ateo. Cuando ingresé a AA, el Segundo y el Tercer Paso me parecían un obstáculo insuperable para el resto de los Pasos, y me convertí en un practicante de solo "dos pasos".

Sin embargo, estaba desesperado por mantenerme sobrio, y a través de la comunidad de AA lo conseguí durante dos años y medio, constantemente acosado por el deseo de beber. Durante todo ese tiempo los anunciantes de bebidas alcohólicas eran nombres que aborrecía, simplemente porque quería volver a probar sus productos.

Un día, en una reunión familiar con unas dos docenas de parientes, de repente me di cuenta de que todos los presentes, excepto yo, tenían bebidas en la mano y las bebían a sorbos. Descubrí que ya no quería beber y que, de hecho, ni siquiera había pensado en ello. Cuando me di cuenta de que había perdido la compulsión, no pude esperar, como un típico alcohólico, a ponerlo a prueba.

Aquella noche, cuando me quedé solo nuevamente, analicé tantos anuncios de televisión y de revistas que promocionaban bebidas alcohólicas como pude para ver qué efecto tendrían en mí. Para mi asombro, no hubo ningún efecto, ¡excepto un gran alivio al ver que la compulsión había desaparecido! Fue una especie de milagro para mí, porque sabía que no había hecho nada para librarme de esa compulsión.

Aún no podía rezar, ni siquiera para recuperar la cordura. Entonces, ¿cómo podía haber sucedido? No había pedido ayuda a ningún "Poder Superior". Lo más cerca que había estado de rezar era repetir la Oración de la Serenidad con los demás en las reuniones. ¿Podría ser esto? ¿Podría haber sido esta única oración, repetida una reunión tras otra, sin ninguna convicción de mi parte? Esa tenía que ser la respuesta. Otros participantes de esas reuniones no se mostraban tan reacios como yo; tal vez su simple sinceridad daba cierta validez a que yo repitiera la oración con ellos.

Esto es lo que llegué a pensar: que la creencia de los AA era más poderosa que mi incredulidad. Esa experiencia se convirtió, para mí, en el umbral al Segundo y Tercer Paso, y desde entonces, mi sobriedad y serenidad han continuado mejorando.

Desde entonces, he tenido la dicha de vivir otras experiencias espirituales, pero ninguna de mayor importancia para mí. Ahora, por un momento, Dios está conmigo cuando lo necesito. Fue difícil aprender a rezar, pero con el tiempo las páginas del Libro Grande de Doce Pasos y Doce Tradiciones me mostraron mis respuestas. Ahora tengo charlas periódicas con mi Poder Superior, este Dios amoroso de mi reacia comprensión. Es mi amigo y compañero, y si bien su respuesta a mis oraciones no siempre es la que espero, siempre responde.

Creo que lo hará por cualquiera que se lo pida, aunque no esté seguro de querer hacerlo o de saber exactamente lo que está haciendo. Él siempre escuchará sus súplicas y tarde o temprano responderá, cuando considere que es mejor para ellos. Pero debemos ser pacientes, porque tiene muchos a quienes amar y cuidar.

B. C.
Revelstoke, British Columbia

Mi mantra
Agosto de 2006

Cuando me uní a AA, era definitivamente agnóstico. El tema de Dios no tenía nada que ver con mi sobriedad. Y en mi mente, la sobriedad era todo lo que necesitaba para poner mi vida en orden.

No importaba si lo llamabas un Poder Superior a mí, Poder Superior, Alá, Dios, o lo que sea, seguía pareciéndome algo espacial. ¿En serio?.

Hablarle al aire —o en mi cabeza— a algo que no podía ver, sentir ni oír, y luego actuar como si fuera a afectar mi vida real aquí en la Tierra, era una verdadera locura. Necesitaba algo un poco más concreto.

No bebí durante unos tres meses, conseguí un trabajo y me reincorporé al mundo cotidiano. Para mi sorpresa, me sentía enfadado o deprimido la mayor parte del tiempo. Aullaba, despotricaba, estaba fuera de control o me sentía abatido, inútil, patético y lamentable. Tú eliges.

Guardaba mis sentimientos para mis compañeros de AA. Me enfadaba constantemente, y siempre era culpa de otra persona. Como no podía beber, exponía mi caso en las reuniones de AA.

Cansado de mi actitud y de mis constantes quejas, alguien me sugirió que recitara la Oración de la Serenidad cada vez que me sintiera así. La persona me dijo que así me daría cuenta de lo impotente que era ante aquello contra lo que luchaba.

Es un gran consejo, pensé, pero no creo en eso de Dios. "Dios" es la primera palabra en la Oración de la Serenidad. Sin embargo, a pesar de mi sarcasmo, decidí probar a decirla sin dirigirme a Dios.

Cada vez que sentía que mis emociones se desviaban en cualquier dirección, repetía el mantra. Decidí llamarlo "mantra" porque la oración iba dirigida a Dios. "Mantra" me parecía menos religioso y quizá un poco espiritual. Pensé que era como contar hasta diez. Desaceleraba mi cerebro y mi boca antes de que la ira aumentara o la depresión me absorbiera. Mis pensamientos y reacciones se volvieron más lentos, más mesurados, y hubo menos cambios drásticos de humor.

Dividí mi mantra de la serenidad en tres partes y reflexioné sobre qué tenía que ver cada una de ellas con una situación concreta: aceptación, valor y elegir acción o inacción. El Libro Grande lo dice muy bien: "A medida que transcurre el día, hacemos una pausa si estamos inquietos o en duda, y pedimos que se nos conceda la idea justa o la debida manera de actuar. Nos recordamos constantemente que ya no somos quienes dirigen el espectáculo, diciéndonos humildemente a nosotros mismos muchas veces al día: 'Hágase Tu Voluntad'".

"Tu" podría ser cualquier cosa, ¿verdad? Mi voluntad —mi forma de pensar— no había sido muy buena durante un tiempo. De hecho, algunos miembros de AA dijeron que mis mejores pensamientos me trajeron aquí. Inmediatamente actuaba según mis pensamientos, lo que siempre parecía conducirme a más problemas en algún aspecto de mi vida, y esos aspectos eran mis "vidas" como hermano, hijo, empleado, etc.

Cualquier sustituto para que se cumpliera mi voluntad probablemente era algo bueno. Le agregué esto a mi mantra. Usa lo que sea que funcione, decían.

Cómo me sentía yo ante una situación era realmente importante, por lo general era más importante que la propia situación.

Un día me vino a la mente un dicho que combinaba un refrán budista y la vieja canción de los Beatles, "Será lo que deba ser". No hay mayor aceptación que eso.

¿Y si la situación fuera realmente mala y no pudiera aceptarla felizmente o cambiarla positivamente? "Aceptar" no significaba "gustar". Simplemente no te "molestes" ni te "enfurezcas", como dice el Libro Grande sobre los resentimientos en la página 64. ¿Qué tal..."Y voy a estar bien con ello"? Fantástico. También agregué eso.

Me di cuenta de que para mí realmente tenía más importancia lo impotente que era algo que me molestaba, que lo impotente que era yo ante eso. La necesidad de controlar, o ser indefenso, se estaba desvaneciendo.

Quizá no tenía demasiado control sobre las cosas de mi vida, pero muchas de esas cosas tampoco deberían tener control sobre mí. La vida no estaba ahí con el propósito de atraparme, sino más bien para que yo me sirva de ella. Simplemente era.

Así fue como desarrollé mi versión de la Oración de la Serenidad que me ha funcionado bien desde 1995.

"Dios, concédeme la serenidad para aceptar las cosas que no puedo cambiar, el valor para cambiar las cosas que puedo cambiar y la sabiduría para reconocer la diferencia. Que se haga tu voluntad, no la mía. Será lo que deba ser. Y voy a estar bien con ello".

¿Dije "discernir"? Otra palabra problemática para mí era "saber". Por ahora, saber mucho de cualquier cosa, sin mencionar el plan de un Poder Superior, estaba más allá de mí. Es por eso que pedí ayuda.

El término "saber" era demasiado arrogante para mí, así que busqué un sustituto más humilde. El Diccionario Oxford define "discernir" como "ver claramente con la mente y los sentidos". Mucho mejor.

Espero que se hayan dado cuenta de que he superado la palabra "Dios" durante este proceso. La mayoría de mis problemas no eran más que malentendidos de la lengua inglesa y cómo reaccionaba ante ellos.

El Libro Grande dice que sabremos que hemos recuperado la cordura cuando hayamos "cesado de pelearnos con todo y con todos, aun con el alcohol", es decir, cuando yo pueda estar bien con el mundo tal como es hoy. Mi oración me ayuda a estar bien la mayor parte del tiempo, y "bien" es fabuloso comparado con lo que era antes. De hecho, "bien" podría ser la descripción más cercana y simple de serenidad que jamás encontraré. Y eso me parece bien.

Carl B.
Evansville, Indiana

CAPÍTULO CINCO

Estrellas, montañas, agua y animales

Encontrar una conexión espiritual a través de la naturaleza y el universo

———————————————

Los árboles, el cielo nocturno, los perros, los gatos, los pájaros, un zorro e incluso una serpiente de cascabel. Estos son los canales de la espiritualidad para algunos de los autores de este capítulo. Sin ningún criterio externo que defina el "Poder Superior", cada miembro de AA es libre de encontrar lo que mejor le sirva a nivel individual, y la naturaleza, en ocasiones, brinda los medios para tal descubrimiento.

Para Paolina A., en su relato "Tocando fondo", arrojar piedras al océano le sirvió para liberarse de años de odio hacia sí misma y de defectos de carácter. "Rezo la oración del Séptimo Paso", escribe. "Cojo una piedra y la arrojo al océano". Cada piedra representa un defecto de carácter diferente y, luego de haber arrojado el montón de piedras que acumuló junto a sus pies, se siente más liviana, no tan sola. "¿Acabo de establecer un contacto consciente con mi Poder Superior?", se pregunta. "La paz y la tranquilidad en mi mente lo confirman".

En ocasiones, los animales pueden atravesar la niebla alcohólica y llegar a las personas de formas que otros, incluso familiares, no pueden. En el artículo "Un Poder Superior liberado", M. N. escribe sobre una intervención familiar que fracasó en su intento de conseguir la sobriedad, mientras que su relación con Rosco, un perro parte pastor alemán y parte mixto, lo condujo a un fondo espiritual y emocional que le preparó el camino hacia la recuperación. "Ahora me dedico a pasear perros", escribe el autor. "Todos los días, todo el día estoy con los perros, la naturaleza y mi creencia de que Dios me está guiando hacia una dirección saludable".

Pasar tiempo en la naturaleza —un jardín, un bosque, una cordillera— con frecuencia puede despejar el camino hacia la experiencia espiritual y, como dice el Undécimo Paso, proporcionar una base sólida para toda la vida.

Mil deseos
Marzo de 2015

C uando por fin ingresé a las salas de AA concienzudamente, leí los Pasos una y otra vez. Al principio de mi recuperación, asistí a una reunión centrada en el Paso Once. Pensando en este Paso, en el que "buscamos a través de la oración y la meditación mejorar nuestro contacto consciente con Dios", me di cuenta de que sabía meditar, pero no sabía rezar. Analista por naturaleza y por formación, mi mente siempre estaba dando vueltas, diseccionando mis pensamientos y contemplando mis acciones. Planificaba mi día cada mañana y hacía un balance cada noche. Examinaba y volvía a examinar todos y cada uno de los acontecimientos del día, intentando poner las cosas en perspectiva, comprender el sentido de la vida y entender mi papel en el universo. Pero no rezaba.

He tenido más formación religiosa que la mayoría, con años de estudios religiosos formales, desde la guardería hasta los 16 años. Aprendí de memoria cientos de oraciones; sin embargo, sabía muy poco de su verdadero significado o intención. Había asistido a miles de horas de instrucción y servicios, sin considerar de forma significativa las palabras que oía. Mi familia celebraba los días feriados. Eran una tradición y un ritual agradables, pero en ningún caso estos eran acontecimientos espirituales. Yo era agnóstica, aferrada a la creencia de alguna fuerza cósmica, siempre desdeñando la idea de la existencia de una única religión verdadera y suprema, y siempre escéptica ante cualquier visión única de un Dios todopoderoso.

La noche que regresé de rehabilitación, salí al porche de mi casa. Era un hermoso y cálido atardecer de verano. Las estrellas brillaban en el cielo. No sé por qué, pero miré hacia arriba y recité aquella rima infantil: "Estrellita, estrellita, la primera que veo esta noche, yo quisiera que este sueño se cumpliera esta noche". Entonces tuve que decidir mi único deseo para la noche, de entre todas las muchas cosas que necesitaba y quería. Esto me centró y me obligó a decidir, para aquella noche qué era lo más importante para mí. Entonces pedí mi deseo.

A la noche siguiente hice lo mismo, y la siguiente noche también. Pronto se convirtió en mi ritual nocturno personal. Al cabo de un par de semanas, salí al porche, pero era una noche nublada y el cielo no era más que un manto gris oscuro. Si bien no podía ver las estrellas, sabía que estaban allí. Esto me reconfortó, por lo que pedí mi deseo de todos modos.

Un día compartí mi historia de las estrellas con una amable mujer de mi grupo. Su sonrisa siempre a flor de labios se volvió aun más amplia. Se inclinó hacia mí y me dio un fuerte abrazo. Mirándome a los ojos, me dijo: "Qué bien". Me alegré de que le gustara la historia. Luego me dijo: "Eso significa que rezas todos los días". Vaya, ¡cómo me impactaron sus palabras!. Esta intuición tan sencilla me abrió la puerta.

De hecho, ¡había estado rezando sin darme cuenta! En cierto modo, tenía fe en el orden del universo y en su permanencia, encarnada en esas estrellas. Tenía esperanza, no de que todos mis deseos se cumplieran, pero sí de que los más importantes se hicieran realidad. La oración, la fe y la esperanza me permitieron separar la doctrina religiosa de la espiritualidad. La espiritualidad me llevó a empezar a creer en un Poder Superior. Esa creencia me ayudó a iniciar mi viaje hacia el descubrimiento de un Dios de mi entendimiento. Cuando empecé a trabajar de verdad en el Undécimo Paso, ya sabía meditar y rezar.

Ya han pasado más de mil deseos desde el primero que pedí aquel atardecer de verano. No puedo recordarlos a todos; sin embargo, recuerdo vívidamente el primero. Aquella noche, sabía lo que más deseaba: Deseaba cordura. Con el tiempo, he llegado a comprender que un requisito previo para la cordura es la sobriedad. Últimamente, mis deseos son más momentos de serenidad, cordura y sobriedad. Para mí, esa es la progresión por la que nos conducen los Pasos.

Un deseo es una esperanza para el mañana. Mi Poder Superior y el programa de AA son mi esperanza hoy.

Anónimo

Tocando fondo
Julio de 2009

L unes por la mañana: Mi madrina me ha pedido que confeccione una lista de mis defectos de carácter para que podamos trabajar el Sexto y el Séptimo Paso cuando nos reunamos más tarde. Han pasado semanas desde que me reuní con ella para trabajar los Pasos y me he estado revolcando en mis defectos de carácter desde que terminé de leerle mi Quinto Paso. Me siento ansiosa y frustrada. Estoy enfadada por otros problemas en mi vida. Estoy lista para obtener algo de alivio y trabajar estos dos Pasos. Lamentablemente, nuestros horarios cambian y ya no podemos vernos. Ya no puedo aferrarme más a estos; sin embargo, no estoy muy segura de qué hacer.

A principios de la semana había practicado hablar con Dios. Definitivamente puedo admitir que creo en un Poder Superior, pero siempre me he cuestionado si realmente tiene algún interés en mí a nivel personal. Mi madrina lleva meses animándome a practicar la oración, aunque yo no creo que sirva de nada. También me sugirió que le escribiera una carta a Dios y le permitiera que ella la responda. Fue durante esa tarea que me encontré manteniendo una conversación sincera con Dios en mi diario. En ese diálogo escribí que lo único que quería hacer era ir a arrojar piedras al océano.

Así que, de regreso al lunes por la mañana: ¿qué debería hacer ahora que no nos reuniremos? Me debato entre una reunión y conducir hasta la playa para arrojar piedras al mar. Gana la playa. Es una mañana gris, lluviosa y no estoy preparada para el clima que hará, pero no me importa. Conduzco hasta una playa que sé que tiene muchas piedras. Bajo a la arena y me siento sobre las piedras. Tengo mi lista de defectos de carácter y un marcador, y decido escribir mis defectos en las piedras para luego arrojarlas al agua. Al principio pienso que elegiré piedras pequeñas que sean fáciles de tirar. Luego me doy cuenta de que mi primer defecto de carácter es el "odio a mí misma" y que eso merece una piedra grande. La mayoría de las piedras que elijo no son tan pequeñas. Me siento y escribo y me siento y escribo, hasta que a mi lado tengo un gran montón de piedras.

Me doy cuenta de que el agua está bastante lejos de donde estoy sentada y tengo una gran cantidad de piedras que no sé muy bien cómo llevar. Tomo la manta sobre la que estoy sentada y las envuelvo en ella. Me río cuando voy a recoger la manta y me doy cuenta de lo pesada que es mi pila de defectos de carácter. Estoy tan dispuesta a dejarlos ir. Camino hacia el agua y vacío la manta en la arena.

Miro fijamente el cielo y las olas y empiezo a hablar y a llorar y a pedirle a Dios que, por favor, me ayude porque estoy cansada. Tiene que ayudarme porque ya estoy harta de intentar hacerlo todo yo sola. Después de siete meses y medio de sobriedad, por fin dejo de aferrarme a la última pizca de voluntad propia. Por fin me permito rezar de verdad pidiendo el cuidado y la protección de Dios. Rezo la oración del Séptimo Paso. Cojo una piedra y la tiro al océano. Recojo otra piedra, rezo de nuevo la oración del Séptimo Paso y la arrojo al océano. Piedra, oración, lanzar, piedra, oración, lanzar. Miro hacia abajo cuando quedan dos piedras y me río. Por supuesto, son las dos piedras más grandes y mis dos defectos más obstinados. También las suelto. Y entonces me siento liviana. Y no me siento tan sola. Y siento a Dios. ¿Acabo de decir eso? ¿Acabo de tener una experiencia espiritual? ¿Acabo de entrar en contacto consciente con mi Poder Superior? La paz y la tranquilidad de mi mente me lo confirman.

Vuelvo hacia donde había estado sentada sobre las piedras. Siempre he oído la expresión "la naturaleza aborrece el vacío", y le pido a Dios que llene el espacio que se ha vaciado con virtudes. Le pido voluntad, humildad, amor, honestidad y compasión. Le doy las gracias por estar presente, por aceptar mis defectos de carácter. Me doy cuenta de que el océano es la mejor "caja de Dios" que existe. Me doy cuenta de que ya no tengo tanto miedo de estar a solas con mis sentimientos abrumadores porque puedo volver a la orilla del agua y rezarle a Dios.

Rezar es algo muy nuevo para mí. No sé muy bien cómo hacerlo.

Paolina A.
Venice, California

Debajo del árbol de ginkgo
Febrero de 2011

No conocía la experiencia de nadie respecto del Segundo Paso. No estaba leyendo el Libro Grande; mi madrina tampoco me estaba guiando a través de este, así que estaba confundida. No quería creer en Dios. Tenía miedo de usar la palabra. Me sentía incómoda por los que sí lo hacían, aunque lo había invocado una o dos veces cuando estuve en verdadero peligro y me había puesto a salvo.

Me acostaba en la cama preguntándome qué sabrían esas personas de la iglesia que yo no supiera, pero les tenía miedo, así que no iba a acercarme a preguntarles. De niña fui varias veces a la iglesia con dos de mis hermanos. Robábamos el diezmo que nos daban nuestros padres y nos lo gastábamos en dulces. Finalmente, los ancianos nos decían que nos fuéramos porque nos reíamos demasiado. Les mentimos y dijimos a nuestros padres que no queríamos volver.

Ya sobria, visité dos iglesias diferentes, buscando ese Poder Superior que se suponía que debía tener. No lo encontré y decidí que la iglesia no era para mí. Estas visitas me dejaron más perpleja.

"Encuentra un Poder Superior a ti", me decían los miembros de AA. Pero, ¿dónde lo encuentro? ¿Cómo lo encuentro? ¿Qué diablos es un Poder Superior a mí? Me daba vergüenza preguntar, porque no quería parecer estúpida. Recé a quienquiera que hubiera pedido ayuda anteriormente. Le pedí que me mostrara un Poder Superior a mí.

Días, semanas, meses después —no puedo recordarlo— fui a un jardín botánico y, en mi lugar favorito junto a un lago, me acosté bajo un árbol de ginkgo. Contemplé las suaves nubes blancas que se elevaban sobre mí y pasaban junto a las ramas frondosas del árbol. Me vino un pensamiento: Cielos, yo no podría resistir las estaciones como lo hace este árbol. Inmediatamente, se me ocurrió que aquí había un Poder Superior a mí. Me reí al darme cuenta: ¡estaba feliz! Ahora lo comprendía. No se me ocurrió en aquel momento que mi oración había sido escuchada. Hoy lo sé.

Durante muchos años en Alcohólicos Anónimos no compartí que, inicialmente, cualquier árbol de ginkgo era mi Poder Superior, por miedo a ser ridiculizada o juzgada. Hoy lo comparto como parte de mi viaje espiritual, porque, como dice el Libro Grande: "Para gran consuelo nuestro, descubrimos que no necesitábamos tomar en cuenta el concepto que cualquier otro tuviera de Dios"

Jennifer P.
Christchurch, New Zealand

Un Poder Superior liberado
Noviembre de 2016

Fui un atleta estrella en la escuela secundaria y practiqué deportes en la universidad, fui un buen profesor y obtuve un máster. Sin embargo, cuando estaba en 7.º grado y mis padres estaban atravesando un divorcio horrible, y mi sensación de seguridad y mi creencia en un Poder Superior se desmoronaron, comencé a emborracharme para liberarme de una horrible depresión.

Me sentía libre cuando bebía. Me quitaba el dolor punzante, mientras mi vida hogareña se derrumbaba ante mis ojos y mis padres se negaban a hablarse. Mi padre se declaró en huelga de hambre y mi madre recurrió a la botella con más agresividad. Sentí que toda mi vida era una mentira porque durante 12 años mi familia y mis padres siempre nos habían colmado de amor y seguridad a mí y a mis dos hermanas, y habían puesto a nuestra familia en primer lugar. Ahora, de la nada, nos mudamos a dos apartamentos separados, y veía cómo el matrimonio de mis padres se desintegraba en una batalla de odio. Así que cuando me emborrachaba los fines de semana y lloraba con mis amigos y hablaba de mi infelicidad, la bebida era mi gran desahogo. Me provocaba una extraña satisfacción.

Estaba en 8.º grado cuando, en una borrachera que terminó en laguna mental, visité un hospital por primera vez. Más tarde me enteré de que había montado una escena en casa de mi mejor amigo y le había gritado a la policía. Tenía puntos en la cabeza para demostrarlo.

Tuve suerte de que el deporte me salvara de convertirme en un alcohólico de tiempo completo, porque el deporte me proporcionó la vía de escape de mis problemas que tanto anhelaba.

Nuevamente, nunca podría ser alcohólico, porque no bebía a diario. Era un profesor amargado de 28 años, que había cumplido todos sus objetivos laborales y educativos, pero que estaba lleno de odio hacia mí mismo. Odiaba el concepto de Dios, así como la palabra Dios. Durante los cuatro años siguientes, bebía todos los días y perdí mi magnífico trabajo de profesor porque dejé hierba en el aula. En un arrebato de ira, incendié mi apartamento dejando velas encendidas por todas partes. Antes de perder el conocimiento, recuerdo que pensé: "No hay nada por lo que deba vivir". Me desperté en una cama en llamas. Mis dos increíbles gatos murieron por inhalación de humo; quería a mis gatos más que a mí mismo. No podía soportar estar sobrio ni una hora, así que bebí para olvidar todo lo que había destruido. Finalmente era exactamente lo que nunca quise ser: un alcohólico.

Mi familia realizó una intervención y me dijo que no estarían presentes en mi vida, a menos que fuera a Alcohólicos Anónimos. Bueno, lo hice, más o menos. Pero no creía en Dios. Actuaba sobrio, pero recaía en secreto cada pocos meses. Nunca creí que viviría una vida en sobriedad. Estaba espiritualmente enfermo.

Hice un mejor amigo de nombre Rosco. Era un perro precioso (parte pastor alemán, parte mixto) al que sacaba a pasear, y siempre se alegraba de verme. Pasábamos horas en el parque, donde iba a buscar tres pelotas de tenis a la vez. Empecé a sentirme presente y vivo gracias a su amor y afecto incondicionales hacia mí.

Entonces, una noche, en mi última recaída, fui a recoger a Rosco. Pero en lugar de correr alrededor de la mesa con entusiasmo, bajó la cola y se alejó; nuestros espíritus ya no estaban alineados. Yo no estaba presente, olía a alcohol y Rosco no quería saber nada de mí. Me dolía el corazón. Había tocado un fondo espiritual y emocional por primera vez. Bebí una vez más después de aquello y, el ocho de febrero, espero celebrar siete años de sobriedad.

Seguí paseando a Rosco y jugando con él en la nieve durante horas, porque su espíritu y sus ganas de vivir eran contagiosos. Me hacía sentir feliz en mi propia piel; me mostraba la belleza de la vida tal como es. Luego, una noche, mientras estábamos tirados en la nieve, y él tenía su adorable cabeza apoyada en mi hombro, miré al cielo y cada célula de mi cuerpo cobró vida. Con cada fibra de mi ser, me sentí feliz de estar vivo. Sentí la presencia de Dios. Sentí un profundo amor y amistad. La nieve hermosa y fresca, y el cielo repleto de estrellas y el espíritu altruista del universo decían: "Estoy aquí". Sentí que el suelo nevado me sostenía, me daba apoyo y me aceptaba con todos mis errores y pérdidas del pasado. En ese momento oí a Dios decir: "Escúchame y mírame, te tengo pase lo que pase". Sentí que un despertar espiritual entraba en mi corazón, en mi mente y en mi alma. Mi Poder Superior me había dado esperanza y amor, y por fin creía en un poder superior a mí que podía devolverme la cordura. Y así ha sido — una suspensión diaria de mi sentencia.

Ahora tengo un gran negocio de paseo de perros. Diariamente, durante todo el día, estoy rodeado de perros, la naturaleza y mi creencia de que Dios me está guiando en una dirección saludable. Recuerdo claramente aquella noche en la nieve en la que me sentí completamente seguro, sostenido y amado por el espíritu del universo —y ese espíritu nunca me abandona. Así que para mantener la belleza de la sobriedad, tengo un excelente grupo base, un padrino amable y ahijados entusiasmados. Pero si paso un día sin ir a una reunión, o no trabajo mis Pasos, la oscuridad vuelve rápidamente. Con la ayuda de AA, la comunidad y mi Poder Superior, tengo una segunda oportunidad de llevar una vida plena. Mi corazón se está reparando y se está abriendo más al amor y a ser amado, a perdonarme a mí mismo y a los demás, como Rosco me perdonó.

M.N.

Bajo las estrellas
Noviembre de 2016

Cuando me iba de campamento, solía asegurarme de llevar suficiente alcohol para el viaje. Lo más fácil era acampar en el coche, ya que podía llevar casi cualquier cantidad que quisiera, y podía conducir para conseguir más si se me terminaba. Los viajes de mochilero exigían más cuidado, ya que el espacio de almacenamiento era escaso. Varias noches fuera de casa requerían cantidades considerables de alcohol fuerte, que, por supuesto, era muy difícil de moderar. Normalmente llevaba otras drogas para ayudarme a sobrellevar la situación. Recuerdo un viaje en particular en el que no llevé suficiente whisky y acabé discutiendo con mi esposa acerca de que teníamos que acortar el viaje porque me dolían las caderas, cuando en realidad lo que más me dolía era el alcohol.

Hoy disfruto más que nunca acampando con mi familia. No necesito administrar el alcohol. Me concentro en asegurarme de tener suficiente comida para que todos estén contentos y alimentados. Empaco juegos que todos disfrutan. Llevo mis zapatillas de correr para poder escaparme un rato y drenar cualquier energía negativa que se haya acumulado en mi organismo. Y aprovecho los momentos de tranquilidad entre una actividad y otra para rezar y meditar. Mi Poder Superior definitivamente me habla a través de la naturaleza que me rodea, y recibo algunos mensajes fantásticos mientras paso un par de días en el bosque.

Recientemente, incluso hemos empezado a acampar con algunos amigos que también tienen algún familiar que trabaja para mantenerse sobrio. Antes dependía de la bebida para calmar los nervios y entretenerme. Ahora me doy cuenta de que la profundidad de las conversaciones que somos capaces de mantener mientras hacemos malvaviscos tostados junto a la fogata bajo las estrellas, me aporta una serenidad y una tranquilidad que no conocía. Y levantarme al día siguiente sin resaca ni recuerdos borrosos de cómo me comporté la noche anterior es increíble. Me divierto más de lo que jamás creí posible.

Scott M.
Takoma Park, Maryland.

Momento de oración
Abril de 2021

Soy topógrafo de profesión. Ahora disfruto trabajando en la parte del negocio que tiene que ver con el diseño, y rara vez hago relevamiento de campo; sin embargo, pasé 15 años tomando medidas en el bosque.

Desde la extrema vida silvestre de Luisiana hasta las rocosas tierras del Bosque Nacional de Alabama, propensas a las serpientes de cascabel, pasando por las faldas de las montañas azules (Blue Mountains) de Virginia Occidental, he estado expuesto a la naturaleza en todos los niveles. He estado rodeado de árboles toda mi vida.

En 2007, estábamos pintando los límites del Bosque Nacional de Talledega para el Servicio Forestal. Las serpientes de cascabel son muy comunes en terrenos escarpados y rocosos, y ahí es exactamente donde estábamos. Antes de esta experiencia, había tenido varios encuentros con serpientes, arañas, abejas, toros agresivos e, incluso, un gallo que me hizo una maniobra de kickboxing en la pierna. Es parte del trabajo.

Ese día, nos enfrentamos a la presencia de serpientes de cascabel, que son peligrosas y potencialmente mortales. Las cosas pueden ponerse feas muy rápido. El chico que trabajaba conmigo, Matt, era bastante nuevo y no estaba acostumbrado a las actividades al aire libre. Era muy ingenuo con los elementos, se podría decir que aun estaba "verde".

Yo caminaba prestándole más atención al cigarrillo que fumaba y al equipo que llevaba al hombro que a Matt y su inexperiencia. No tuvo cuidado al bajar de las rocas que tenían una leve saliente que creaba un "agujero negro", un lugar perfecto para una serpiente de cascabel.

Ahora bien, esta roca en particular era muy típica. La mayoría parecía como si Dios las hubiera arrojado a la ladera de la montaña y se hubieran quedado clavadas. Mientras caminábamos, yo hacía su inventario cuando debería haber hecho el mío. Desde lo alto de una de estas grandes rocas, pisé con una pierna la tierra de abajo, justo adelante de un agujero negro. Me había girado de lado para bajar por la roca, así que en ese momento tenía una pierna encima de la roca y la otra en el suelo.

Fue entonces cuando oí el cascabeleo.

En una pendiente pronunciada, en una torsión física incómoda y con una serpiente de cascabel a pocos centímetros de mi pantorrilla, de repente se me acabaron las ideas. Matt, mientras tanto, entró en pánico, preguntándome qué hacer. Yo no tenía respuesta. Estaba más allá de la ayuda humana en ese momento. Así que empecé a rezar. El cascabeleo se había vuelto tan fuerte e intenso que era paralizante. Manteniendo quieta la pierna, me despojé lentamente de la mochila. Me quité el GPS del hombro y me senté en la roca. Creo que incluso encendí otro cigarrillo. Tras unos diez minutos sin moverme, aparte de algún temblor incontrolable, la serpiente de cascabel empezó a disminuir el ritmo de su aterrador cascabeleo. El volumen también bajó lentamente. Luego se detuvo.

Le dije a Matt que se acercara a la roca para ver qué hacía. Me dijo que la serpiente había retrocedido hacia el agujero, dejándome algo de espacio, así que levanté la pierna y me puse de pie.

Aunque en aquel momento no lo sabía, fue una experiencia poderosa del Primer Paso para mí. Tenía una falta total de poder en aquella situación. Cuando bebía, mi reacción habitual ante la vida se basaba (y en ocasiones se sigue basando) en una reacción emocional impulsiva. En este caso, una reacción repentina cargada de pánico habría sido un error fatal. Tras haber tenido varios encuentros con serpientes, había adquirido la sabiduría suficiente para saber que no debía hacerlo. Y no sufrí ninguna mordedura.

La mayoría de las decisiones que tomo en situaciones emocionales me causan dolor. Esa tendencia a reaccionar por miedo o ira era una de las causas de mi ingobernabilidad. Tan instintivo como fue para aquella serpiente de cascabel sacudirse cuando su seguridad se vio amenazada, la oración se ha vuelto instintiva para mí. Ella hacía sonar el cascabel por instinto; yo rezaba por instinto. Rezar me parecía algo natural, a pesar de que por aquel entonces era agnóstico y no tenía ninguna formación religiosa. No tenía a dónde huir. Me sentía impotente. Sin saber si esas oraciones me salvarían, las rezaba de todos modos.

Y seguí rezando cuando logré la sobriedad. Hoy, los milagros que veo ocurrir a mi alrededor parecen naturales.

La semana pasada hice mi Quinto Paso con mi padrino, y él me guió en cada paso del recorrido. Nunca he entendido del todo cómo esconde sus alas en público, pero de algún modo lo hace. Después me acompañó al automóvil, dándome las gracias por compartir mi historia con él. Cuando llegamos a mi automóvil, me señaló el árbol de cornejo que había cerca. Estaba en plena floración, algo inusual en Nashville a principios de primavera.

"He visto miles de cornejos, pero nunca había visto uno así", me dijo. A decir verdad, entre el color de las flores en la noche y la liberación emocional de haber trabajado el Paso, contemplar aquel árbol solo se comparaba a un viaje exploratorio de champiñones que la naturaleza nos estaba preparando. Tenía curiosidad por saber si él, con 27 años de sobriedad y habiendo trabajado varios Quintos Pasos, sabía lo que iba a suceder cuando señaló el cornejo.

Quedé maravillado con el árbol. Pensé en cómo luché durante mucho tiempo conmigo mismo y el alcohol. Tuve varios viajes a rehabilitación, varias estadías en residencias de sobriedad, varias relaciones al inicio de la recuperación (como dice mi padrino, dos enfermos son demasiados enfermos), varios intentos a medias de seguir los Pasos y numerosos cambios geográficos. La expresión "entregarme por completo al programa" me sonaba a chino cuando conseguí la sobriedad.

Pero hoy me centro en el "ahora mismo" y en la gratitud y la serenidad que me dan los pequeños milagros de mi vida, como ese árbol. Algunos días simplemente se trata de mostrar amabilidad en cada interacción humana. También con las mascotas. Parece que se me ha concedido la serenidad para hacer las cosas que puedo como resultado de este instinto llamado oración.

Uno de mis cantantes favoritos es Damien Rice. Tiene una canción llamada "Cannonball". Una de las letras, y mi favorita en lo personal, dice: "No es difícil crecer cuando sabes que simplemente no sabes."

Jonathan H.
Nashville, Tennessee

Un paseo por el parque
Agosto de 2008

Debo confesar que soy una de esas personas que tiene algunos problemas con el "asunto de Dios". Sé que a muchos de nosotros nos pasa. Claro, el Primer Paso es bastante fácil cuando se mira la impotencia y el daño causado por mi alcoholismo. Pero, ¿cómo llegar al Segundo o Tercer Paso? La iglesia no me servía. Sé que algunos alcohólicos fortalecen su fe y su programa de AA asistiendo a la iglesia o al templo, pero yo no. Lo intenté durante años y nada funcionó.

Un día salí a pasear por el parque Riding Meadows, que estaba muy cerca al local de una de mis reuniones favoritas. Allí fue donde llegué a comprender a un Dios verdaderamente amoroso y todopoderoso que quiere lo mejor para mí.

Es tan fácil ver la obra de mi Poder Superior en la naturaleza: el riachuelo que fluye, los renacuajos y pececillos que burbujean en aguas poco profundas, las tortugas y las ranas. Los árboles caídos forman pasarelas naturales sobre el arroyo que muchos niños exploran. Las flores silvestres colorean el sendero del parque y siguen guiando a quienes buscan a Dios, como yo, hacia la belleza natural del reino de mi Poder Superior.

Cuando voy al parque y salgo de mi cabeza, el Segundo Paso cobra vida. Y ese es realmente el Dios que he estado buscando. Para mí, el Segundo Paso no fue un viaje lleno de angustia, sino un paseo por el parque.

Rob R.
Oakmont, Pennsylvania

Un zorro en el bosque
Octubre de 2001

Cuando intenté aplicar los Pasos de AA al dolor que sentía por la muerte de mi hija de 30 años, Phyllis, me topé con una pared. Podía admitir que era impotente ante la muerte. Ninguna oración, negociación o lo que fuera, había detenido el inexorable avance del cáncer de ovario que invadió su cuerpo, a pesar de la intervención quirúrgica y la quimioterapia.

Phyllis había asistido a un retiro espiritual cuando tenía unos 20 años. Contó que tenía algo sin resolver desde la muerte de su padre, cuando tenía 16 años, y había dado un paseo por el bosque durante el retiro para meditar sobre este asunto. Cuando terminó su meditación, pidió a su Poder Superior que le diera alguna señal de que su oración había sido escuchada. Mientras seguía caminando, un zorro salió del bosque y entró en el sendero que había delante de ella. Dejó de caminar y observó al zorro, que la miró durante un largo rato y subió unos metros por el sendero, luego se dio la vuelta y desapareció en el bosque después de echar una mirada hacia atrás.

Unas semanas antes de la muerte de Phyllis, su marido le leyó un libro sobre animales y su significado para los nativos americanos. El libro mencionaba que algunos creían que el zorro era portador de mensajes hacia y desde el mundo de los espíritus. Esto fue de gran importancia para Phyllis, ya que le confirmó que el zorro que había visto en el retiro había sido, en efecto, la señal de que su oración había sido escuchada.

Unos meses después de la muerte de Phyllis, visité un lugar cercano a nuestra casa donde hay rápidos a lo largo de un arroyo que frecuento cuando quiero hablar con Dios (me siento menos cohibida hablando en voz alta con el murmullo del agua sobre las rocas como fondo). Aquel día tenía algo emocionante que contarle a Phyllis. Al terminar, comencé a alejarme cuando agregué, a modo de reflexión: "Si me has oído, ¿me harías el favor de dejarme ver un zorro de camino a casa?". Emprendí la subida por el camino hacia casa, mirando a la izquierda y derecha para ver si había un zorro a un lado u otro del arroyo, y hacia delante para ver si había alguno en el camino, pero no había zorros.

Entonces, justo cuando estaba a punto de alejarme del arroyo y empezar a subir la colina hacia nuestra casa, miré hacia mi izquierda por última vez y mis ojos se posaron en un banco de arena junto al arroyo. Allí, para mi asombro, había un zorro joven jugando con un palo, lanzándolo hacia arriba y abalanzándose sobre él como un cachorro con un juguete. Lo hizo varias veces mientras yo observaba y me arrodillaba para agradecerle a mi Poder Superior este regalo.

Con frecuencia voy a los rápidos para hablar con Dios y con Phyllis. No tengo que pedir ver un zorro; sé que me oyen.

Han pasado casi cinco años desde que Phyllis murió. Aún la echo de menos y tengo días en los que el dolor de la aflicción está tan fresco como cuando era reciente. Esos son los días en los que recuerdo que debo estar agradecida por tener un Poder Superior al que acudir y un programa del cual obtener la fuerza para pasar otro día sobria, a pesar de mi impotencia ante la vida y la muerte.

Pat S.
Newark, Delaware

Maravillosa humildad
Abril de 2018

Llegué a las salas de AA en 1985, a los 52 años. Unos cuatro años más tarde, tuve un "convencimiento" muy doloroso, que se convirtió en la base de lo que ahora son casi 28 años ininterrumpidos de sobriedad. Dicho en pocas palabras, ahora llevo el tiempo suficiente para reconocer un bote salvavidas cuando estoy en uno. Obviamente, empezar mi recuperación no me resultó fácil. Supongo que la mejor descripción de mi condición de principiante es "alcohólico funcional". Pagué nuestras facturas, mantuve la comida en la mesa y conservé un techo sobre nuestras cabezas.

Mirando en retrospectiva, mi error más obvio fue el Primer Paso. Lo leí como si fuesen dos definiciones. Sí, mi vida se había vuelto ingobernable, pero ¿impotente ante el alcohol? De ninguna manera. Por supuesto, nuestros hijos apenas me hablaban. No podía mantener una simple conversación con mi esposa sin levantar la voz y hacerla llorar. Mi negocio estaba fracasando, así que me había ganado el derecho a tomar tres o cinco martinis al llegar a casa, para culminar mi almuerzo, en gran parte era líquido. Los síntomas de mi alcoholismo eran bastante obvios para cualquiera que indagara un poco más allá de mi faceta "altamente sociable" superficial. Las cosas me iban cada vez peor.

Tenía un amigo que llevaba varios años en AA y su vida parecía envidiablemente plácida. Participaba en muchas actividades comunitarias que parecían ayudar a un amplio espectro de personas. Nunca había abordado el tema del alcoholismo conmigo —ni el mío ni el de él—; sin embargo, en cierta oportunidad le pregunté cómo le había afectado dejar de beber.

No recuerdo todo lo que se habló, pero jamás podré olvidar lo que dijo sobre su experiencia en AA. Fue una minicalificación, seguida de una descripción de lo sorprendido que estaba de que el deseo de beber simplemente lo hubiera abandonado. Empezó a reflexionar sobre el aspecto del autodescubrimiento que viene con el tiempo y la profundidad que le agregó a su vida. Para él, fue una evolución espiritual.

No creo que a todos se nos conceda una conciencia instantánea de un Poder Superior en nuestras vidas. Para muchos de nosotros, es AA, la comunidad fraternal que parece ser más grande que la cantidad de personas que puede haber en cualquier reunión. En mi caso, la toma de conciencia fue gradual.

Tenía la tarea inmediata de salvar un matrimonio, una familia y un negocio descuidado. Comencé una dieta de constantes reuniones y conseguí un padrino que tenía mucho tiempo en el programa. Sus sugerencias (requerimiento: leer) eran deliciosamente sencillas. El primer bocado fue: hazte el tonto y vuelve a leer el Libro Grande. Así lo hice. Y sigo haciéndolo.

Los siguientes 28 años no han estado exentos de obstáculos. Han sido baches emocionales, egos lastimados y varios golpes serios al orgullo. Afortunadamente, no ha habido heridos graves y ningún miembro de la familia parece estar más —o menos—neurótico que el resto del mundo.

Ahora, jubilado desde hace tiempo y disfrutando de los 52 años de matrimonio con la misma mujer a la que había hecho llorar, paso parte de las mañanas en nuestro patio trasero, aprovechando la increíble serenidad que ha habido allí durante años y años, pero que nunca había notado. No la noté durante la mayor parte de los 50 años que corté el césped; sin embargo, se ha convertido en mi propia catedral verde.

Nuestro comedero de pájaros parece ser un conducto hacia mi Poder Superior. La actividad milagrosa de nuestra clientela ahí fuera, provoca un imponderable instantáneo: ¿Cómo lo hacen? ¿Quién ha diseñado o creado todo esto? La aerodinámica de las aves es impresionante y la aparición mágica de un cambio estacional espectacular es maravillosamente humilde. Obviamente, no soy yo quien está al mando.

Trabajar en mi jardín no siempre es una experiencia reveladora para mí, pero cuando las podadoras de césped y las desbrozadoras se ponen en marcha y un ocasional avión de pasajeros susurra en el horizonte, tengo una pequeña ventana para una conversación con mi Poder Superior. Él sabe escuchar. Como ya hice suficiente daño verbal en mi vida previa a AA, no creo que sea necesario pedir la absolución. Hace tiempo que agoté todas mis oraciones de emergencia.

Un día del verano pasado, escuchamos que llamaban a nuestra puerta. Era un desconocido que pasaba en coche y tuvo que parar por dos oseznos que cruzaban la carretera. Todos nos hacíamos la misma pregunta: ¿Podría la mamá osa estar lejos?

Le agradecimos por alertarnos y de inmediato llamamos a nuestros vecinos que viven colina abajo y tienen niños pequeños que suelen jugar afuera. Los hicieron entrar a la casa y comenzó una vigilia. Pasado el atardecer, no oímos nada ni vimos ningún animal, excepto las ardillas listadas y las ardillas comunes que vigilaban la zona bajo el comedero de pájaros. Todo continuó de forma tranquila hasta bien entrada la noche.

Aparentemente tenemos el sueño pesado, porque a la mañana siguiente descubrimos el comedero aplastado en el suelo. Un segundo comedero cercano había corrido la misma suerte. El poste de metal del que colgaban estaba doblado en un ángulo de 90 grados. Mamá osa podría ser una recluta de la liga de fútbol nacional. Tomé mi silla de meditación habitual que se encuentra en el patio y comencé a maldecir. Es posible que haya batido el récord de blasfemias irrepetibles.

Finalmente, se me acabaron las palabras de cuatro letras y se hizo el silencio. Me senté allí. No escuchaba las cortadoras de césped ni el tráfico aéreo. Me envolvió la serenidad más profunda que haya sentido jamás.

No estoy seguro de cuánto tiempo estuve sentado allí y no sé si escuché una "voz" o si las palabras fluyeron por la página en blanco en la que se había convertido mi mente, pero de alguna forma, de algún modo, recibí un mensaje. Era el siguiente: "Ese oso también es una de mis criaturas, amigo".

A veces rápido, a veces despacio...

Dick C.
New City, New York

El momento perfecto
Mayo de 2015

En 1964, cuando tenía 29 años, logré la sobriedad, y he permanecido sobrio desde entonces. Cuando era nuevo en la sobriedad, además de asistir a muchas reuniones, una de las primeras cosas en las que me involucré fue en la jardinería. No recuerdo que nadie dijera que tenía "mano verde"; sin embargo pasaba mucho tiempo moviendo tierra y semillas. Una vez, dentro de mi sabiduría, decidí dejar las judías verdes un día más antes de cosecharlas. Cuando volví al huerto, tuve —como dirían los miembros de AA—, una experiencia de aprendizaje: los conejos, las marmotas, lo que fuere, habían decidido no esperar hasta el día siguiente y cosecharon por su cuenta. Así que me quedé sin judías verdes. Aprendí que el tiempo es invaluable, y que debo tomar cada día como se presenta.

Hay un momento para sembrar y otro para cosechar. La jardinería se controla con agua y sol. Los días nublados son oportunidades para transplantar porque las raíces están a salvo de los rayos del sol. Una vez más, el tiempo lo es todo. Cada jardinero tiene sus propias reglas y formas de hacer las cosas; no obstante, todas implican el agua y el sol, y mucho amor. Así es como llegamos a conocer todo sobre nuestros jardines.

Comencé a notar que un pájaro pasaba mucho tiempo en una colina lateral, a unos 15 o 20 metros de mi jardín. Por ahí andaban muchos gatos, conejos, perros y ardillas, además de los mapaches, los zorrinos, las zarigüeyas y otras criaturas de la noche. Mientras observaba al pájaro, llegué a la conclusión de que no estaba herido. Por lo tanto, sabía lo suficiente como para mantenerme a distancia de lo que estuviera haciendo el pájaro. Con el tiempo, supe que el pájaro había construido un nido en el suelo. Había leído en uno de mis libros de aves que esto no era raro: significaba que el ave y los polluelos tenían inmunidad para emanar olor durante cierto tiempo.

Hasta ese momento, me había sido imposible comprender cómo Dios cuida a sus creaciones de diversas maneras diferentes. Pues bien, todo lo que debía hacer era aceptarlo. Ya no podía dudarlo más porque lo estaba viendo con mis propios ojos.

Finalmente, los polluelos crecieron y se fueron volando, al igual que la madre pájaro. Un par de días después, los gatos descubrieron el nido y lo destruyeron. Así que hubo un momento para salir del cascarón y otro para marcharse. Quedé fascinado. Para mí era otro ejemplo del amor de Dios.

Obviamente, los pájaros se convirtieron para mí en un espectáculo mayor que lo que había sido el jardín. Las flores florecen por poco tiempo, las verduras crecen y maduran. Los jardines dan mucha alegría: entrar en contacto con la Madre Tierra, nos acerca a nosotros mismos.

Con frecuencia, me pregunto si habría llegado a estar tan atento a los ritmos de la naturaleza si los animales no se hubieran comido las judías verdes. El pájaro, con su sabiduría interior y su perfecta sincronización, me dio una señal Dios. Pude percibir la confianza inquebrantable de los polluelos en su madre. La sabiduría de la madre pájaro me había enseñado a creer en un Poder Superior a mí. En ese momento, la duda no tuvo cabida en mí. Fui testigo del equilibrio perfecto de la naturaleza que le indicó con exactitud a los pajaritos cuándo debían abandonar el nido.

Alcohólicos Anónimos me guia diariamente con un amor paciente. Me enseña que se trata de un día a la vez.

Bob D.
Haverhill, Massachusetts

PARTE II

Técnicas y prácticas

Existen varias formas de rezar y meditar

Como relata el cofundador de AA, Bill W., en el capítulo del Undécimo Paso del libro Doce Pasos y Doce Tradiciones: "En AA hemos llegado a reconocer como indudables los resultados positivos y concretos de la oración. Lo sabemos por experiencia". Y agrega sobre la meditación: "...es, en su esencia, una aventura individual, y cada uno de nosotros la practica a su manera".

Cada uno de los miembros de AA que intervienen en este capítulo tiene su propia perspectiva respecto de la oración y la meditación —sobre cómo lo hacen y qué significa para ellos a diario. Para Rick P., en la historia "Un safari sagrado", la meditación ha sido como "un safari sagrado dentro de mí, en el que nunca sabía muy bien qué esperar una vez que me atrevía a aventurarme en mi selva espiritual interior más profunda". Ken T., en su artículo "Pensador compulsivo", escribe: "Una vez que aprendí a meditar... pude encontrar el interruptor de 'apagado' de mi pensamiento".

Para E. P., en la historia "La línea directa Divina", pasar de la oración formal a la oración conversacional fue liberador. "Podía hablar con Dios en términos simples, directos y sinceros, con un lenguaje cotidiano y, cuanto más lo practicaba, más comenzaba a comprender la advertencia de 'practicar la presencia de Dios'".

En su historia "Pasando tiempo con Dios", Emily G. nos acerca al final del libro al escribir: "Lo mejor del Paso Once es que no existe una forma incorrecta de hacerlo... No existe una fórmula mágica, un manual o una ecuación sobre cómo lograrlo. Descubrí una forma que funciona para mí y, a cambio, puedo encontrar a Dios sin importar en qué momento de mi día me encuentro".

La forma más elevada de oración
Enero de 1987

P asé 47 años hablando conmigo mismo, siendo fiel a mí mismo, confiando en mi mejor criterio. Mi mejor criterio acabó por ponerme de rodillas. Me sentí derrotado, miserable, un adicto sin esperanzas. Para mí, había tres analgésicos en la vida: el alcohol, las drogas y el sexo. Me gustaban los tres, podía llegar a tomar dos, ¡pero sí o sí tenía que tomar uno! Mi remedio diario.

Dios ha hecho por mí lo que yo no podía hacer por mí mismo. Ha tomado este defecto de carácter y lo ha cambiado para mí. Tomó mi debilidad y la convirtió en el bien más poderoso que tengo hoy. Dios me ha dado la capacidad de hablar con Él, de escucharlo para tener una guía en mi vida diaria y la voluntad de seguir sus indicaciones.

La meditación es mi nueva "medicina" de cada día. Cuando medito, le hago preguntas a Dios. Lo mantengo simple y espero su respuesta. Lo que suele ocurrir es que me doy cuenta de que estoy en un proceso de reflexión y que este proceso es la forma que tiene Dios de decirme lo que quiere que haga. ¡Me deja pasmado!

Para mí, la meditación es la forma más elevada de oración. Pongo mi voluntad y mi vida en manos de Dios cada vez que le hago una pregunta, escucho la respuesta y me dispongo a dejar de lado mis miedos y de actuar según la "intuición" que recibo .

Hay otras formas de oración que uso a diario. Rezo por otras personas, en particular cuando estoy resentido con ellas. Rezo con gratitud, porque ahora me doy cuenta de que todo lo que tengo hoy es un regalo de Dios. No rezo egoístamente pidiendo algo para mí, porque he llegado a creer que el Libro Grande tiene razón —no funciona.

Hubo un tiempo en que no podía meditar. Ahora me doy cuenta de que era mi propio miedo a las respuestas lo que me impedía el contacto consciente con mi Poder Superior. He aprendido a caminar entre esos miedos, desde el puente de la razón hasta la anhelada orilla de la fe.

Por estos días, prefiero hablar con Dios para que me guíe, en lugar de hablar conmigo mismo. Mi vida continúa siendo una telenovela, y yo el actor principal. La diferencia excitante es que ahora tengo un nuevo director. La meditación sigue siendo el mejor "medicamento" que haya tenido jamás —¡para todas mis aflicciones!

J. V.
Aspen, Colorado

Perdidos y encontrados en el mar
Diciembre de 1987

Todo el viaje se estaba convirtiendo en un desastre. No solo la atmósfera entre mi esposo y yo había sido tensa en la habitación del hotel, sino que ahora discutíamos en público y delante de los niños.

Tragándome la desesperación que sentía atorada en la garganta, me dirigí hacia la escalera que llevaba a la cubierta del transbordador en el que estábamos, tratando de alejarme de las miradas que me lanzaban las personas —y de él. Una vez arriba, el viento fresco me secó las lágrimas, respiré hondo y comencé a intentar ignorar la situación.

"¡Miren, niños!", dije enérgicamente, "Miren las gaviotas que siguen al barco. ¿Trajeron el pan que guardamos?".

Justo entonces sentí la mano de mi marido en mi codo. "Hablemos", dijo. Me invadió una oleada de odio. Aparté el brazo de un tirón y empecé a bajar por la cubierta.

"No", le dije. "Me voy a meditar".

Me fui a la parte trasera del barco y me senté en un banco por donde no pasaban demasiadas personas. Sabía que tenía que calmar el clamor de voces que había en mi mente. Cada voz tenía algo amargo que decir, y la mayoría de ellas me decían lo que debería haberle contestado.

Comencé el proceso de dos etapas que había llegado a comprender como meditación: primero, desconectar mi propia mente, y luego relajarme para permitir que entrara el mensaje —las intuiciones o sanaciones que me habían dicho que llegarían.

Media hora más tarde, salí de la meditación riéndome y murmurando. Nada de eso es importante, fue lo que pensé, nada de eso es importante en absoluto. Me reí sacudiendo la cabeza por lo irracional que había sido. Pero nada de eso es importante, repetí una vez más.

Cuando me reuní con mi familia, estaba de muy buen humor. A medida que avanzaba el fin de semana, el buen humor perduraba. Mientras atravesábamos dos estados para volver a casa, miré a mi marido de una forma alegre.

"Apuesto a que te preguntarás qué está pasando", indagué, dándole una palmadita cariñosa en la rodilla. Admitió que no había querido perturbar la calma preguntándome.

"No sé qué pasó durante la meditación", dije, "porque no recuerdo la mayor parte de los veinte minutos. Todo lo que sé es que algo debió de sanar dentro de mí". Mi marido se limitó a sacudir la cabeza en un gesto de asombro y agradecimiento.

En aquel momento, a pesar de llevar varios años recuperándome en la comunidad, yo seguía siendo una persona desdichada, gobernada por la infelicidad y una relación insatisfactoria. Sentía que había trabajado incansablemente en el programa; sin embargo, la depresión erosionaba la sensación de bienestar que tanto me había costado conseguir. La pregunta de una madrina me hizo darme cuenta de que nunca había seguido consistentemente el Paso Once. Me sentía incómoda a la hora de usar estas herramientas espirituales, pero la voluntad de cambiar debe haber compensado mi inexperiencia.

Sin dudas, el suceso fue un pequeño milagro y, una vez demostrado, nunca pude olvidar la posibilidad de tal sanación. En estos últimos años, he crecido lentamente en la creencia de que la vida es buena, y que también lo son todas las cosas que ocurren en esta.

Finalmente, la relación se resolvió por sí sola; no obstante, lo más importante fue la capacidad que adquirí de vivir satisfecha y libre de mis propios sentimientos negativos durante el tiempo que duró el proceso.

Pensé que lo que había que arreglar para ser feliz era el matrimonio; en cambio, aprendí a ser feliz independientemente de las situaciones que me rodeaban. La meditación fue la herramienta principal que hizo posible esa libertad.

He aprendido que meditar no es rezar ni leer, y que es algo más que escuchar: es recibir. Me costó aprenderlo porque mi mente quería estar al mando, pero la entrené para apagarse y el esfuerzo ha merecido la pena. La meditación se ha convertido en un respiro necesario de toda la actividad mental que mantiene alejada la fuente más tranquila con la que necesito estar en contacto. Hoy en día, mi vida incluye muchas pequeñas alegrías. Meditar es una de estas; la práctica regular me mantiene presente en todas las demás.

D. T.
Billings, Montana

Un safari sagrado
Abril de 2004

El estrés que conlleva aprender a meditar realmente me sorprendió. Quizá era un tema de control. Rezar parecía algo más fácil, posiblemente porque sentía que controlaba cómo rezaba o por qué rezaba. Sin embargo, era como un safari sagrado dentro de mí, en el que nunca sabía muy bien qué esperar una vez que me atrevía a aventurarme en mi selva espiritual interior más profunda. Puede sonar demasiado melodramático, pero la desalentadora realidad era que, durante muchos años, la meditación sugerida en el Undécimo Paso para mí fue un laberinto mental divino.

Mi búsqueda comenzó con la sugerencia de mi padrino de que la meditación podría ayudar a un principiante como yo a manejar mi mente ingobernable. "La oración es hablar con Dios, y la meditación es escuchar a Dios". Lo más fácil del mundo, pensé. Entonces, luego de una rápida oración egocéntrica, empecé a escuchar la voz de Dios. Desafortunadamente, años de bebida la habían ahogado y sustituido por mi disparatada imaginación. Pensamientos de venganza justificable, logros grandiosos y delirios de adoración universal inundaron mis meditaciones egocéntricas en aquellos primeros años. Finalmente, para evitar tentaciones generadas por la frustración, dejé de intentarlo. Pero no bebí, por lo que pude volver a intentarlo unos años más tarde.

Cuando llevaba una década de sobriedad, mi contacto consciente había entrado en coma, así que decidí probar de nuevo con la "meditación". Esta vez, probé la meditación trascendental, "M. T.", una técnica que evoqué de los borrosos recuerdos de mi época hippie, cuando bebía y lo sabía todo. Inocentemente imaginé el goce de que la M. T. despejara mi mente de todo pensamiento y me elevara a un plano espiritual superior en el camino hacia la serenidad cósmica. Por desgracia, mientras mi espíritu meditaba, mi cerebro vacilaba. Las incertidumbres eran una distracción constante: los "debería", los "podría", los "tendría" y los "quizá" eran despiadados. Otro problema con la M. T era mi búsqueda de un mantra, una palabra de una sílaba que ayude a la mente a concentrarse en la nada. Me di cuenta de que estaba sufriendo un colapso de mantras cuando la única palabra que resonaba en mi consciencia era "cerveza". Poco después, volví a rendirme.

Unos años más tarde, todavía sobrio, pero sacudido por la vida en sus propios términos, volví a mi herencia religiosa y desempolvé mi rosario. Con algunos ajustes de AA, los encontré bastante reconfortantes. La repetición y la estructura de las oraciones me ayudaron a mantener el enfoque hasta que mi archienemigo, el aburrimiento, me desvió hacia la búsqueda del camino perfecto. Un día particularmente frenético, mientras rezaba desesperadamente bajo la ducha, el rosario se rompió y vi cómo las bolitas y mis esfuerzos se iban por el desagüe. Fue entonces cuando me di cuenta de que debía releer el Paso Once del libro Doce Pasos y Doce Tradiciones para saber qué había omitido.

Una década más tarde, finalmente di con un sistema que cómodamente combinaba la simpleza del programa con la complejidad de mi personalidad, para crear una forma de meditación manejable. Se llama RAP. RAP puede sonar incongruente para un blanco de mediana edad del área suburbana, hasta que te enteras que para mí RAP significa "reflexionar y ponderar". Cada día, después de rezar, con Dios como guía, me permito reflexionar sobre cualquier experiencia que me venga a la mente. Ya sin el peso de la culpa, puedo dejar que un sentimiento de culpa entre y salga flotando, y sentirme bendecido por su visita. Cuando no estoy reflexionando, pienso en esas cosas buenas que todavía podrían ocurrir si hoy no me emborracho. El saber de que son posibilidades y no certezas hace que mis meditaciones sean honestas, esperanzadas, sobrias y sanas.

Una reflexión me reveló cuántas veces había anhelado alcanzar la complejidad espiritual a lo largo de los años, una especie de engreimiento espiritual nacido de la inseguridad alcohólica. Agradezco que el programa, el amor de las personas presentes en las reuniones y la gracia de Dios me hayan enseñado que las ideas más complicadas son obra de nosotros, los humanos. Dios puede compartir revelaciones profundas; sin embargo suele usar palabras sencillas. La simplicidad es más difícil para unos que para otros. Pienso que la meditación también lo es. Pero creo que Dios está dispuesto a esperar hasta que lo acojamos en el silencio.

Rick P.
Vernon, Connecticut

Contacto consciente
Noviembre de 1991

Cuando me uní por primera vez a AA era ateo e incapaz de rezar. Luego de asistir a 90 reuniones en 90 días, una mañana me arrodillé junto a mi cama y, llorando de frustración, golpeé con los puños y grité: "¡Si estás ahí arriba, si existe un Dios, ayúdame!". En los días siguientes intenté meditar y rezar, pero realmente no sabía cómo. Como para muchos principiantes, la idea de la meditación o la oración me parecía demasiado esotérica, algo que solo podían hacer los sacerdotes o los pastores. Poco a poco pude aprender, a través de la lectura y mucha práctica, a "soltar y dejárselo a Dios". ¡Pero me costó trabajo!

Existen muchas técnicas y métodos de meditación, desde rezar el rosario hasta practicar asanas de yoga. La repetición interior de una oración o un mantra es una manera de hacerlo. Siempre implica cierta autodisciplina, pero funciona. De un modo u otro, el equilibrio emocional y la intuición estimulada comienzan a agitarse.

Mi técnica consiste en relajar conscientemente cada músculo del cuerpo, uno por uno, sentada en una silla de espaldar recto, respirando profundamente mientras giro los ojos hacia atrás con los párpados cerrados y siento el cuerpo pesado contra la silla, las manos sueltas sobre mi regazo. Controlo mi deseo de mirar el reloj e ignoro los "pensamientos de mono borracho". Presto atención a cómo me siento. Le presto atención a si estoy enfadada o resentida. Si no sé "qué hacer hoy", presto atención a eso y le pido a Dios que me envíe respuestas. Quizá hoy no deba hacer nada más que ir a una reunión. Si logro poner la mente en blanco y dejo entrar a Dios, entonces funciona.

Gradualmente, una sensación de libertad y luz impregna mi ser. La claridad y el amor de Dios están ahí y el miedo se aleja. No es necesario comprender el proceso para permitir que suceda.

Luego, al abrir los ojos, ¡qué sensación es mirar a mi alrededor y ver que nada ha cambiado!. Sigo en el mismo cuerpo, en la misma habitación, en la misma casa, en el mismo mundo. Pero he logrado un contacto consciente con Dios, como yo lo concibo. Puedo hacer una pausa durante el día de solo un segundo, pedir ayuda o decir "¡Gracias!". Dios me acompaña todo el día. Ahora, le entrego mi vida y mi voluntad cada mañana. (Llevo 13 años sobria.) El Paso Once es el mantenimiento que necesito para expandir mi conciencia acerca del universo del bien de Dios.

Jeanie N.
Napa, California

Pensador compulsivo
Julio de 2010

Antes de que fuera impotente ante el alcohol y que mi vida se volviera ingobernable, era impotente ante la infelicidad y mi vida se había vuelto ingobernable. Comencé a utilizar el alcohol casi a los 50 años, como la mejor opción de autoayuda que pensé que podría encontrar. Con frecuencia, mi infelicidad parecía desvanecerse mientras bebía. Sin embargo, la bebida se convirtió en una solución escurridiza y errónea para mi infelicidad. Comenzó a generar una infelicidad propia. Mi infelicidad era mucho mayor que la que había evadido y no había resuelto al inicio de mi alcoholismo. ¿Y ahora qué? Quizá la mejor manera de sentirse era ser feliz. ¿Cómo podía ser posible?

Mucho antes de ser un bebedor compulsivo, fui un pensador compulsivo. Tendía a pensar incesantemente, como si fuera algo esencial para mantenerme vivo. Mi mente no tenía un interruptor de "apagado" o, si lo tenía, no tenía ni idea de dónde estaba. En esta charla constante, podía encontrar todo tipo de resentimientos que masticar, rencores que guardar, victimizaciones sobre las que reflexionar y catástrofes por las cuales protestar. La vida era injusta, las personas eran los heraldos de mucha injusticia y crueldad, y yo retenía justificadamente mi sello de aprobación al no aceptar lo que ya era.

Genero pensamientos. Puedo hacerlo a partir de conductas predeterminadas (lo que he llegado a reconocer como "defectos de carácter"), o puedo generar pensamientos estando consciente de tener opciones. Para mí, ser consciente es darme cuenta de que yo no soy mis pensamientos. Más bien, observo mis pensamientos y su creación y contenido. Si no necesito dejarme llevar por mi pensamiento condicionado por defecto, entonces ¿he descubierto la opción de observar y generar pensamientos constructivos?

Una vez que aprendí a meditar, como se recomienda en el Paso Once, pude encontrar el interruptor de "apagado" de mi pensamiento cuando ese pensamiento ya no es necesario ni útil para mí. Puedo usar el pensamiento, en lugar de que el pensamiento me use a mí. Creo que la "toma de conciencia" es la puerta más accesible a lo que se ha denominado "espiritualidad" a lo largo de mi vida y en AA.

Ken T.
Ames, Iowa

Viviendo el día
Abril de 2021

El Paso Once es mi favorito. Esto se debe a que mi conexión con mi Poder Superior ha sido un desarrollo continuo a lo largo de mi sobriedad.

Cuando llegué a AA por primera vez hace 21 años, todo lo que podía ver a mi alrededor era destrucción, ya que lo había perdido todo. Mirando en retrospectiva, ahora sé que Dios estaba haciendo por mí lo que yo no podía hacer por mí misma.

Antes de AA, cuando mi atención se centraba en todo menos en mi Poder Superior, no podía ver cómo estaba destruyendo mi vida. Tuve que pagar un alto precio. Perdí mi casa y mi familia. Me encontré en la parte de atrás de una iglesia vacía, en la oscuridad, suplicándole a Dios que me ayude. Miré a mi alrededor y vi todas las velas y recordé que, cuando era pequeña, solía encender las velas y rezar por mis seres queridos. ¿Me serviría eso ahora? Vi que necesitaba ayuda y consuelo. Por suerte, encontré el camino hacia AA.

Hoy en día, mi práctica respecto de la meditación incluye escribir. Tomo una hoja y escribo: "¡Es un nuevo día, jamás antes vivido; recién nacido! Este es el año más auténtico y encantador de mi vida, hasta ahora".

Escribir esto me da la sensación de que estoy viviendo plenamente el día y repleta de gratitud. Tengo montones y montones de estas páginas. Todas comienzan con el mismo mensaje, en diferentes días, todas escritas.

Puedo recordar esos días con amor porque no solo pensé con gratitud, sino que también lo expresé por escrito.

Luego, por la noche, reflexiono sobre mi día y hago un inventario de mis "victorias". Me enfoco en los casos en que he sido amable, generoso o le he dado una mano a alguien. Al enfocarme en mis victorias, de forma consciente genero más victorias para el día siguiente. Si me equivoco, vuelvo atrás, corrijo mis errores y lo considero como una victoria.

El contacto consciente a lo largo del día también es importante para mí. Mientras conduzco hacia las reuniones de AA, escucho de fondo música de meditación que me tranquiliza.

Este es mi proceso diario. No es perfecto, pero me proporciona un método para mantenerme centrado en los Pasos durante todo el día — una transición hacia el Paso Doce, una meditación a la vez.

Judy M.
Leander, Texas

Creer
Enero de 1980

Comprender algo sobre Dios y aceptarlo han sido, y siguen siendo, experiencias de una magnitud considerable en mi vida. Incluso ahora, no estoy seguro de cuánto comprendo; sin embargo, la aceptación ya no es un problema. El grado de comprensión que tengo ha llegado lenta y gradualmente, a lo largo de un período prolongado. Gracias al programa de AA, no me impaciento ni me desanimo.

De joven, me enseñaron lo que estaba bien y lo que estaba mal, y me enseñaron que existía un Dios. Nunca me rebelé y negué que hubiera un Dios, ni me volví contra él. Para mí, de una forma u otra, simplemente no parecía haber ninguna diferencia. Incluso durante mis peores días de bebedor, sentía que había un Dios, pero no tenía tiempo para eso. Relacionaba a Dios con la religión, y lo que menos me entusiasmaba era la religión. Sentía que era mi responsabilidad resolver mis propios problemas de vida, y no veía ninguna razón por la que debía pedirle ayuda a Dios.

Antes de venir a AA, no sabía cómo vivir y trabajar con la idea de un Poder Superior. No sabía de la ayuda y la guía que Dios podía darme en mi vida cotidiana. No sabía que podía recibir su ayuda a través de la oración. Ni siquiera sabía cómo rezar; siempre me sentí incompetente, porque las oraciones que había escuchado eran más bien formales y elocuentes y provenían de personas conocedoras del tema. No tengo nada en contra de las oraciones formales y elocuentes, pero para mí no tienen el mismo significado que las oraciones que rezo hoy, con las palabras sencillas y simples que uso en mi vida diaria, las mismas que uso para compartir con mis semejantes.

Todos los días, a cualquier hora del día, puedo compartir con Dios. Si siento felicidad, alguna perturbación o inseguridad sobre qué camino tomar, puedo compartirlo con mi Poder Superior. Sé que hay un deber: debo practicar la honestidad al compartir. Si al momento de pedir una guía lo hago de forma sincera, me la darán; si lo hago de forma sencilla y a un nivel que yo lo entienda.

¿Cómo surgió esta aceptación de Dios? Vino a través de la voluntad de escuchar, compartir y leer. El resultado ha sido que llegué a creer —a creer en la oración y en Dios

C. B.
Santa María, California

La meditación del alcohólico
Noviembre de 2010

Luego de varios años de asistir regularmente al estudio del Paso Once, se me ocurrió una meditación sencilla que considero la "meditación del alcohólico". Con cada inspiración, pienso: "Bienvenido", y con cada exhalación, pienso: "Gracias". Esto me deja oscilando entre la aceptación y la gratitud, que reconozco como dos de los principios integrales de Alcohólicos Anónimos. Si bien mi sobriedad se basa en la fe en Dios, esta simple meditación puede servirles también tanto a agnósticos como ateos, que pueden practicar fácilmente la aceptación y la gratitud sin creer necesariamente en Dios. Como tantas cosas en AA, esta meditación funciona cuando yo la pongo en práctica. Al darle la bienvenida a Dios a mi día y luego darle las gracias por estar en él, esta meditación me bendice continuamente.

Ed L.
Wrightwood, California

Muchos poderes superiores a mí
Febrero de 2019

Cuando llegué a AA, no era creyente, o eso pensaba. Toda mi vida luché con el concepto de Dios. Creo en la existencia de Dios, así que sé que no soy atea. Sé por experiencia propia que la existencia de Dios es algo conocido, así que tampoco soy agnóstica. No estoy segura de lo que soy..., y no estoy segura de que realmente importe. Pero sabía que necesitaba un Poder Superior para trabajar los Pasos y mantenerme sobria.

Intenté usar el grupo como mi Poder Superior; sin embargo descubrí que no podía rezarle a mi grupo. Mi madrina quería que tomara ciertas medidas, creyera o no en ellas, y una de esas medidas era rezar. Por lo tanto, cada mañana me arrodillaba y le pedía a un algo que me ayudara a mantenerme sobria y cada noche le agradecía a ese algo.

Con el tiempo aprendí, mediante la ayuda de mi madrina, que en realidad no era una no creyente. Solo estaba muy enfadada con Dios porque mi papá murió cuando yo era pequeña. Decidí dejar de creer en Dios porque las cosas simplemente pasaban, no había nadie a quien culpar ni razones que buscar. Era más fácil no creer.

Mi madrina me dijo que no podía enfadarme con algo que no existía. Ese fue un momento de lucidez y me abrió los ojos y la mente para estar dispuesta a creer.

Transcurrido cierto tiempo y experiencia personal, esa ira comenzó a disiparse. A medida que me mantenía sobria y la vida mejoraba, empecé a creer que ese "algo" al que rezaba era Dios. Sentía a Dios mucho más en mi cabeza que en mi corazón.

Me sugirieron que intentara buscar a Dios para desarrollar el tipo de relación personal que deseaba tener con Dios y de la que había escuchado hablar a otros miembros de AA. Me esforcé por hacerlo. Lo busqué en la naturaleza. Lo busqué en esas pequeñas coincidencias, y fui a la iglesia durante los tres primeros años de mi sobriedad.

El Dios del que hablaban en la iglesia era diferente al Dios del que escuchaba hablar en las reuniones. La iglesia acabó generando más interrogantes que respuestas. Yo sí creía, pero tenía muy poca, o ninguna, fe. Seguía sin saber si Dios escuchaba o respondía mis oraciones. Incluso no sabía lo que Dios hacía o dejaba de hacer. No sabía cuál era su papel y cuál era el mío. Pero sí sabía que Dios me trajo a AA. Sabía que él quería que me quedara aquí y que me dio la fuerza que necesitaba para quedarme.

Si bien no tengo certeza de que Él escuche o responda mis oraciones, sigo rezando. Sigo tomando medidas. Le hablo todo el día. Le pido ayuda. Le presento mis miedos y preocupaciones y le pido que me dé fuerzas. Incluso comparto mis dudas con él. El simple hecho de tomar acción sin fe calma mis miedos, me brinda alivio y me da cierta paz.

Sé que Dios me ama aunque nunca pueda sentirlo en mi corazón. Mi falta de fe me ha mantenido despierta por la noche preguntándome si lo que tengo es suficientemente bueno para mantenerme sobria. He aprendido que no tengo por qué tener todas las respuestas, pero he encontrado una manera que me sirve.

Para mí, depender de un Poder Superior solo significa que tengo una fuente externa a mí a la que puedo acudir, de la que puedo depender y en la que puedo confiar, más de lo que confío en mí misma. Tengo que reconocer que no puedo hacerlo sola, que necesito ayuda para mantenerme sobria y hacer que mi vida sea manejable. Por lo tanto, le rezo a Dios.

Tengo una madrina a la que puedo ver, escuchar y en la que puedo confiar. Tengo amigos que me ayudan en los momentos difíciles y con los que comparto los buenos momentos. Los necesito a todos para mantenerme sobria y todos ellos son poderes superiores a mí. Llevo cinco años sobria, por ende sé que funciona. Y creo que seguirá funcionando un día a la vez, siempre que yo sepa que no soy Dios y que no puedo hacer esto sola.

Judy E.
Orland Park, Illinois

Sentarse en silencio, escuchando
Noviembre de 2009

Al inicio de mi sobriedad me sugirieron que considerara a la oración como hablar con Dios y a la meditación como escuchar a Dios. Esa idea se me arraigó. En 1972 logré la sobriedad; en 1984 aprendí a meditar en un centro de retiro católico, con un sacerdote que había pasado 25 años en Japón estudiando budismo zen. Esa fue mi introducción a la práctica de la meditación, y funcionó.

En 1985 me sentía abatida por la fatiga crónica, así que inicié una reunión de meditación en mi casa, sobre todo para levantarme de la cama. Mi grupo, formado en su mayoría por mujeres alcohólicas locales, se reunía de lunes a viernes, de 7 a 7.30 de la mañana. No se hablaba. Solo se trataba de sentarse en silencio, escuchando, durante treinta minutos. A las 7:30 yo hacía sonar un gong y todas nos poníamos en círculo y hacíamos una reverencia, usando la palabra "namaste", que significa "honro lo divino que hay en ti". Se iban y yo volvía a la cama.

Años después, voy por el sexto año de mi curación por fatiga crónica. Creo que hay un toque de bondad en cada cosa. El mayor regalo de vivir con fatiga crónica durante 19 años es que me dediqué a meditar —a escuchar a Dios— y aprendí a calmar la mente. La meditación matutina terminó hace unos años, pero el grupo de meditación de los miércoles por la noche continúa. El mejor regalo de la meditación, desde mi punto de vista, es que he conocido al Espíritu del Universo al experimentarlo en el propio aliento que respiro. Me encanta que Dios esté disponible para todos por igual, que sea todo amor, y que algunos de nosotros experimentemos esa fuente de amor simplemente practicando los principios de AA en todos nuestros asuntos

Linda I.
El Granada, California

Primero lo primero
Noviembre de 1991

A las 7 de la mañana, cinco días a la semana, se reúne un pequeño grupo de AA en una casa club de la zona norte de Tallahassee, Florida. El grupo se llama Contacto Consciente. El propósito es la práctica diaria del Paso Once.

Por lo general, la reunión comienza con la lectura del Undécimo Paso del Libro Grande que empieza con "Al despertar pensemos en las veinticuatro horas que tenemos por delante". A continuación, la Oración de la Serenidad da inicio a un período de 25 minutos de meditación en silencio. La meditación termina con la Oración de San Francisco, del Undécimo Paso en el libro "Doce Pasos y Doce Tradiciones". Sigue un breve compartimiento, y luego, después del Padre Nuestro, nos vamos a trabajar a las 7:45.

La reunión se celebra desde hace aproximadamente un año. Para los que asistimos, se ha convertido en una parte esencial de nuestras vidas. En el libro "Doce Pasos y Doce Tradiciones", Bill W. compara la meditación con el agua y el alimento. Según nuestra experiencia, la comparación es apropiada.

A partir de esta reunión se ha desarrollado un método para abordar directamente el resentimiento, la frustración y el miedo. El enfoque basado en la meditación es un poderoso complemento a la técnica sugerida en la historia "Liberado de la esclavitud" (Freedom from Bondage) del Libro Grande. Es una alternativa para las personas que nunca aprendieron a rezar o a las que no les gusta rezar.

La meditación es algo parecido a tocar un instrumento musical. Cualquiera puede hacer un sonido con un violín, pero se necesita práctica para hacer música con este. Solo unos pocos días de práctica regular generan resultados. Dos semanas de meditación diaria, a la misma hora cada día, deberían mostrar cambios tangibles en la calidad de su vida.

En la mayoría de las librerías y bibliotecas hay varios libros de introducción a la meditación. Durante el primer año de practicar la meditación, lo único que hice fue contar mis respiraciones, de uno a diez y luego de forma inversa. Es una buena forma de callar al comité reunido en tu mente.

El libro Zen Training (Entrenamiento zen) de K. Sekida incluye muy buenas instrucciones sobre meditación y respiración. Su ejercicio básico de respiración es la respiración "bambú", o respiración en segmentos: Respira en tres fases —respira, haz una pausa, respira, haz una pausa, respira, haz una pausa. Exhalar en una sola fase ejerciendo una ligera presión. Se necesita algo de práctica para conseguir la presión adecuada. Si jadea, la presión de exhalación es demasiado alta. Si la presión es demasiado baja habrá poca tensión en su abdomen y su mente tenderá a divagar.

La idea es mantener la tensión en la parte inferior del abdomen mientras respira. Si hace esto, podrá mantener la mente muy enfocada. Sekida también sugiere concentrarse en un objeto y contener la respiración durante un minuto mientras se mantiene el enfoque. Notará que es mucho más fácil mantener la mente concentrada si también mantiene la respiración. Puedes empezar con 15 o 20 segundos e ir aumentando hasta llegar a un minuto completo. Esta técnica ha mejorado la calidad de mi meditación en términos de claridad mental.

El procedimiento para eliminar el resentimiento, la frustración y el miedo recurre a la técnica de respiración segmentada. En primer lugar, traiga a la mente la causa de su resentimiento o frustración, o el objeto de su miedo. Intente experimentarlo en detalle. Luego, regrese abruptamente a su ser interior cerrando los ojos y enfocando la vista y la mente hacia una pared infinita mientras practica la respiración abdominal profunda con la técnica segmentada. Diez minutos de esta práctica pueden hacer desaparecer los pequeños resentimientos.

El año pasado me llegó un ejemplo del poder de la conciencia plena. Un día, mi secretaria me dijo que al día siguiente habría una reunión en la que se discutiría la transferencia de una parte de mi espacio a otras personas. Esto surgió mientras intentaba reconstruir una vida devastada por el alcohol. Luego de garantizarle que no habría ningún conflicto, continué trabajando. Pero cuando llegué a casa a las 5:15 me sentí atacado, y las sensaciones que había aprendido a reconocer como de depresión eran muy fuertes. La situación empeoró. A las 5.30 recurrí a los ejercicios de respiración bambú para volver a conectar con mi ser interior. A las 5.40 había vuelto a la normalidad, sin que nada me vuelva a molestar. Cuatro años atrás, este suceso podría haber durado un mes y yo habría estado físicamente enfermo todo el tiempo. (Resultó ser que en la reunión ni siquiera se habló de mi espacio).

Las siete de la mañana es una hora difícil para la mayoría de los alcohólicos, activos o en recuperación. Me llevó tres meses llegar a un punto en el que me entusiasmaba ir a una reunión a las 7 de la mañana, cinco días a la semana. Los beneficios han sido considerables. El uso de la respiración segmentada y la conciencia plena para afrontar el miedo y el resentimiento es solo uno de los beneficios. La práctica ha traído a mi vida una serenidad que antes era inimaginable.

La meditación en solitario es excelente, pero la meditación en grupo es aun mejor. Hay algo en el poder del grupo que ayuda a que mi mente no divague y me hace estar más abierto a mi Poder Superior.

Si visita Tallahassee, venga a vernos a la reunión a primera hora de la mañana. Para quienes vienen, es una experiencia sólida con la que empezar el día. Las personas que concurren a diario durante dos semanas tienden a volver por mucho tiempo.

Ralph D.
Tallahassee, Florida

La línea directa Divina
Diciembre de 1977

De vez en cuando, en las reuniones cerradas de AA, cuando alguien comparte su cercanía y contacto con un Dios, según como lo concibe, una persona sentada a mi lado ha susurrado: "¡Suena como si tuviera una línea directa con Dios!". Este comentario suele estar teñido de sarcasmo e incredulidad.

Recientemente, cuando alguien me dijo esto, me quedé pensando en ello mientras conducía de regreso a casa y me encontré diciendo: "Yo, de hecho, tengo una línea directa con mi Dios, y no sobreviviría sin ella".

Llegué a AA trayendo una mezcla de filosofía, psicología, lógica, ciencia y teología tan confusa que me colocó en la categoría de agnóstico con indigestión mental y espiritual. El Dios, según lo concebía entonces, era una entidad aterradora, separada y alejada de mí. No mantenía una comunicación regular con esa entidad, ni pensaba mucho en ella, ni sentía ninguna necesidad de conocerla. Hacía "lo mío" mucho antes de que fuera popular decirlo o hacerlo, y esta obstinación me estaba llevando a todo tipo de problemas y al alcoholismo, con la consecuencia final de destrucción —la muerte o la locura.

En mi familia había varios ministros de dos tipos de denominaciones, pero yo no había aprobado dogma, ortodoxia y credo. No es que las religiones me habían fallado; era yo quien no podía ajustarme a ellas. Sin embargo, todo el tiempo había estado estudiando, leyendo y hablando con otros, buscándole el sentido de la vida. Los eternos misterios del nacimiento, de la vida y la muerte me atormentaban constantemente cuando me enfrentaba a problemas. Anhelaba respuestas y darle sentido a mi vida.

No fue hasta que mi alcoholismo empeoró y toqué fondo que me di cuenta por primera vez de que era impotente, y de que los que me amaban eran impotentes para ayudarme. Admitiendo y aceptando este hecho, me entregué a AA y pronto comencé a rezar sin convicción: "Cualquiera sea el Dios que esté ayudando a estas personas, que por favor me ayude a mí". Con esta sencilla oración, pronunciada una y otra vez, y una repetición casi monótona de la Oración de la Serenidad, entró en mi vida una presencia que nunca antes había estado allí. Esa presencia llegó durante uno de mis momentos de silencio, que me disciplinaba a tener cada mañana temprano antes de vestirme para ir a trabajar. Algo amoroso, gentil, tierno y hermoso vino a quedarse conmigo. Sentí que esta poderosa presencia era Dios.

Había llevado conmigo muchos problemas a AA —relaciones rotas, la pérdida de un negocio, problemas financieros, un trabajo que corría peligro de perder, ningún amigo íntimo y ninguna familia cercana. Solo en un apartamento muy pequeño, me encontré hablando con este Dios en el mismo lenguaje que uso ahora. Al principio, me parecía una locura hablar en voz alta con este amigo invisible. Pero, como vivía solo, no había nadie que cuestionara mi cordura. Dejaba salir mis sentimientos, mis miedos, mi desesperación y mi decepción conmigo mismo y con los demás. Era una conversación normal, no una oración convencional. Hablaba con un amigo cariñoso, bondadoso y todopoderoso, y eso me tranquilizó y reconfortó.

Durante casi cinco años recé por cosas específicas. Todas esas oraciones recibieron una respuesta adecuada —sí, no, tal vez, espera—; sin embargo, no podía entender ciertas respuestas, en particular los "no", hasta que las analicé en retrospectiva. Con el tiempo, comprendí que si le entregaba mi voluntad y mi vida al Dios que se estaba convirtiendo en mi compañero, algunas de mis respuestas tendrían que ser "no" por mi bien supremo y por el de los demás.

Pasar de la oración formal —el uso del pronombre "vuestro" tradicional de mi infancia— a la oración conversacional, para mí significó una gran libertad. Podía hablar con Dios en términos simples, directos y sinceros, con un lenguaje cotidiano y, cuanto más lo practicaba, más comenzaba a comprender la advertencia de "practicar la presencia de Dios". Los agradecimientos se expresaban de forma audible o silenciosa muchas veces al día, en gratitud por las respuestas inesperadas, las bendiciones y, sí, incluso por las pruebas que permitían mi crecimiento. Había oraciones breves por otras personas que veía mientras caminaba o conducía —personas que parecían preocupadas, enfermas, discapacitadas o simplemente alegres.

Dejé de hacerle una lista a Dios cuando comprendí plenamente el Paso Once donde se refiere a "pedir solamente que nos dejase conocer su voluntad para con nosotros y nos diese la fortaleza para cumplirla". Igual podía dar gracias por el amor de Dios y rezar por la sobriedad, la guía, la protección, la sanación y la iluminación; sin embargo, ya no hacía una descripción de lo que pensaba que quería. Mi fe en mi Poder Superior creció hasta el punto en que confié en Dios para gestionar mis asuntos y me mostré dispuesto a aceptar su voluntad para mí.

Con el tiempo, sentí la necesidad de más. La meditación sustituyó a la contemplación en los momentos de tranquilidad que reservaba cada día. Amigos más avanzados en esta práctica me enseñaron cómo entrar en esta, uno de los métodos más antiguos de adoración del hombre, para dedicarle un tiempo a calmar el cuerpo y la mente y poder lograr un estado de ánimo receptivo para la inspiración, y para dedicar un tiempo, al final de los períodos de meditación, para ofrecer oraciones por otras personas que estuvieran enfermas, sufrieran o tuvieran problemas para mantenerse sobrias. Rezaba por lo mejor para ellos, sin pedir resultados específicos. Y siempre recordaba la sugerencia de Bill W. de que cuando la guía pareciera ser fuerte, lo corroboráramos con otro compañero de AA de confianza. Esta salvaguarda es necesaria para evitar que mi ego intervenga y racionalice algo que yo podría desear.

Una línea directa, según la concibo, es una conexión inmediata para la comunicación. Puedo usar la mía en cualquier lugar y momento. No oigo una voz ensordecedora como respuesta, pero si espero, escucho y observo, las respuestas llegarán, con frecuencia, de muchas formas inesperadas y sorprendentes. La inspiración o las respuestas pueden llegar a través de las palabras de un amigo o de un desconocido; una intuición repentina puede llegar sin esfuerzo de mi parte, en algo que estoy leyendo, en algo que alguien dice en una reunión o en mi sueño.

En mi conversación telefónica, por unilateral que parezca, presento mis problemas o preocupaciones, cito mis opciones según las veo, y luego se las planteo a Dios. Una vez que hago esto, intento dejar que los problemas desaparezcan mentalmente.

Hay veces en que las condiciones y situaciones me perturban tanto que no puedo rezar por ellas. Lo único que puedo decir en la línea directa es "Dios, ayúdame"; pero es una oración poderosa. Esa oración y las oraciones de los demás me han ayudado a superar el dolor de la muerte de seres queridos, el trauma de la jubilación anticipada por invalidez, operaciones, enfermedades, en lo más profundo de la noche, cuando todo el mundo parece estar dormido y lejos. Pero la línea directa siempre está abierta, siempre está ahí. Es la mayor fuente de consuelo y seguridad que tengo —esa sensación de que mi Poder Superior amoroso siempre está ahí, dispuesto a consolarme, a mostrarme el camino, a amarme sin exigirme nada.

E.P.
Alexandria, Virginia

Pasando tiempo con Dios
Noviembre de 2016

Durante el primer año de mi sobriedad, solo podía susurrar un breve "Por favor, ayúdame a mantenerme sobria hoy" y terminar mi día con un simple "Gracias". Los días en que me sentía especialmente impotente ante mi alcoholismo, recurría a suplicarle a Dios que me ayudara a no beber durante los siguientes cinco minutos, hora o tarde. Con frecuencia rezaba oraciones de emergencia e intentaba usar a Dios para salvar el día. Rezaba muchas oraciones que en realidad eran órdenes disimuladas para que Dios me diera lo que quería o pensaba que necesitaba y merecía.

Aunque algunos veteranos decían que tenía que "esforzarme más por hablar con Dios", eso era todo lo que podía hacer en aquel momento. Vivía con miedo y ponía los ojos en blanco ante los miembros que hablaban de sus "conversaciones profundas con Dios". Vaya broma, pensaba. Mientras tanto, sentía un nudo en el estómago que anhelaba un vínculo más directo y una conexión con algo superior.

Agradezco que me sugirieran trabajar los Pasos en orden. Esto me permitió comenzar a comprender lo que necesitaba en un Poder Superior y cómo podría ser. Al principio, Dios estaba muy limitado en mi mente finita a un espíritu que simplemente pudiera amarme de forma incondicional y mantenerme a salvo. A medida que avanzaba en los Pasos, empecé a confiar en algo externo a mí. Empecé a llevar un libro de momentos de Dios y señales de Dios que me hacían más difícil dudar de que hubiera algo más ahí afuera.

Uno de mis mayores dilemas, la primera vez que recorrí los Pasos, fue el miedo que le tenía a la oración y la meditación. Durante mucho tiempo había sido perfeccionista, lo que funcionaba bastante bien para el ámbito académico. Pero este antiguo rasgo (o defecto) de mi personalidad nos mantenía separados por un muro alto a Dios, como yo lo concibo, y a mí. Tenía un miedo inmenso a rezar "incorrectamente" y que Dios no pudiera escucharme. Realmente creía que otros miembros de AA tenían acceso a cierto manual secreto de oración y meditación que les proporcionaba instrucciones acerca de cómo rezar, meditar, hablar con Dios y recibir instrucciones directas de Su parte. Mi ego interfería con mi capacidad de hacer preguntas sobre cómo otros miembros practicaban el Paso Once en su vida diaria. Y tenía miedo de compartir con mis amigos cómo eran para mí la oración y la meditación, por si lo estaba haciendo "mal".

Lo mejor del Paso Once es que no existe una forma incorrecta de hacerlo. El Paso Once me anima a hablar con Dios a través de la oración y a escuchar a Dios a través de la meditación. Lo mejor del Paso Once es que no existe una forma incorrecta de hacerlo... No existe una fórmula mágica, un manual o una ecuación sobre cómo lograrlo. Descubrí una forma que funciona para mí y, a cambio, puedo encontrar a Dios sin importar en qué momento de mi día me encuentro. Dios y yo mantenemos charlas frecuentes, además de recitar las oraciones o lecturas de mis libros de meditación. En lugar de eso, es solo una conversación sobre mis miedos, lo que me emociona, mis preocupaciones y mis historias; lo que sucede mientras entro a cafeterías, conduzco mi automóvil, me siento en mi cama o hago largos de natación. He tenido que hacer más grande a Dios a lo largo de los años, para que pudiera involucrarse más y entrar en todas las áreas de mi vida.

He aprendido que no puedo limitarme a pedirle a Dios que me revele su voluntad, sino que también tengo que oír atentamente para escuchar la respuesta. Hoy puedo pedirle a Dios que me use como él quiera. La oración ya no consiste en intentar que Dios cambie su voluntad para hacerme feliz. Más bien, se trata de descubrir cuál es su voluntad para que pueda alinearme con el propósito que tiene para mí en el mundo. Ahora tengo una profunda confianza y fe en mi Poder Superior. Me reconforta saber que hoy tendré todo lo que necesito.

Emily G.
Paradise Valley, Arizona

Los Doce Pasos

1. Admitimos que éramos impotentes ante el alcohol, que nuestras vidas se habían vuelto ingobernables.
2. Llegamos a creer que un Poder Superior a nosotros mismos podría devolvernos el sano juicio.
3. Decidimos poner nuestras voluntades y nuestras vidas al cuidado de Dios, como nosotros lo concebimos.
4. Sin miedo hicimos un minucioso inventario moral de nosotros mismos.
5. Admitimos ante Dios, ante nosotros mismos, y ante otro ser humano, la naturaleza exacta de nuestros defectos.
6. Estuvimos enteramente dispuestos a dejar que Dios nos liberase de nuestros defectos.
7. Humildemente le pedimos que nos liberase de nuestros defectos.
8. Hicimos una lista de todas aquellas personas a quienes habíamos ofendido y estuvimos dispuestos a reparar el daño que les causamos.
9. Reparamos directamente a cuantos nos fue posible el daño causado, excepto cuando el hacerlo implicaba perjuicio para ellos o para otros.
10. Continuamos haciendo nuestro inventario personal y cuando nos equivocábamos lo admitíamos inmediatamente.
11. Buscamos a través de la oración y la meditación mejorar nuestro contacto consciente con Dios como nosotros lo concebimos, pidiéndole solamente que nos dejase conocer Su voluntad para con nosotros y nos diese la fortaleza para cumplirla.
12. Habiendo obtenido un despertar espiritual como resultado de estos pasos, tratamos de llevar el mensaje a los alcohólicos y de practicar estos principios en todos nuestros asuntos.

Las Doce Tradiciones

1. Nuestro bienestar común debe tener la preferencia; la recuperación personal depende de la unidad de AA.

2. Para el propósito de nuestro grupo solo existe una autoridad fundamental: un Dios amoroso tal como se exprese en la conciencia de nuestro grupo. Nuestros líderes no son más que servidores de confianza. No gobiernan.

3. El único requisito para ser miembro de AA es el deseo de dejar la bebida.

4. Cada grupo debe ser autónomo, excepto en asuntos que afecten a otros grupos de AA o a AA considerado como un todo.

5. Cada grupo tiene un solo objetivo primordial: llevar el mensaje al alcohólico que aún está sufriendo.

6. Un grupo de AA nunca debe respaldar, financiar o prestar el nombre de AA a ninguna entidad allegada o empresa ajena, para evitar que los problemas de dinero, propiedad y prestigio nos desvíen de nuestro objetivo primordial.

7. Todo grupo de AA debe mantenerse completamente a sí mismo, negándose a recibir contribuciones de afuera.

8. AA nunca tendrá carácter profesional, pero nuestros centros de servicio pueden emplear trabajadores especiales.

9. AA como tal nunca debe ser organizada; pero podemos crear juntas o comités de servicio que sean directamente responsables ante aquellos a quienes sirven.

10. AA no tiene opinión acerca de asuntos ajenos a sus actividades; por consiguiente, su nombre nunca debe mezclarse en polémicas públicas.

11. Nuestra política de relaciones públicas se basa más bien en la atracción que en la promoción; necesitamos mantener siempre nuestro anonimato personal ante la prensa, la radio y el cine.

12. El anonimato es la base espiritual de todas nuestras Tradiciones, recordándonos siempre anteponer los principios a las personalidades.

AA Grapevine

AA Grapevine es la revista internacional mensual de AA, que se publica ininterrumpidamente desde su primera edición en junio de 1944. El folleto de AA en el AA Grapevine describe su alcance y propósito de este modo: "Como una parte integral de Alcohólicos Anónimos, desde 1944 el Grapevine publica artículos que reflejan la amplia diversidad de experiencia e ideas que hay dentro de la comunidad de AA, y así también lo hace La Viña, la revista bimensual en español, publicada por primera vez en 1996. En sus páginas, no hay punto de vista o filosofía dominante, y al seleccionar el contenido, la redacción se basa en los principios de las Doce Tradiciones".

Además de las revistas, AA Grapevine, Inc. también produce libros, eBooks, audiolibros y otros artículos. Asimismo, ofrece una suscripción completa al Grapevine que incluye la revista impresa, así como el acceso completo en línea, a historias semanales nuevas, el AudioGrapevine (la versión en audio de la revista), al vasto Archivo de historias del Grapevine y las ediciones en línea actuales del Grapevine y La Viña. También se encuentran disponibles por separado las versiones en formato ePub de las revistas. Para obtener más información sobre AA Grapevine o para suscribirse a cualquiera de estas opciones, visite el sitio web de la revista ingresando a aagrapevine.org o por escrito a:

AA Grapevine, Inc.
475 Riverside Drive
New York, NY 10115

Alcohólicos Anónimos

El programa de recuperación de AA se basa íntegramente en su texto básico, Alcohólicos Anónimos (comúnmente conocido como el Libro Grande), ya en su Tercera Edición, así como en Los Doce Pasos y Las Doce Tradiciones, Viviendo sobrio y otros libros. Además, puede obtener información sobre AA en el sitio web de AA, en www.aa.org o por escrito a:

Alcoholics Anonymous
Box 459
Grand Central Station
New York, NY 10163

Para obtener recursos locales, consulte su directorio telefónico local, en "Alcohólicos Anónimos". En AA también se encuentran disponibles cuatro folletos: "Esto es AA", "¿Es AA para usted?", "44 preguntas" y "Un principiante pregunta".